LA STRATÉGIE NUMÉRIQUE DU MAROC

Vers l'émergence d'un *hub numérique* régional ?

Histoire et Perspectives méditerranéennes
Collection dirigée par Jean-Paul Chagnollaud

Dans le cadre de cette collection, créée en 1985, les Éditions L'Harmattan se proposent de publier un ensemble de travaux concernant le monde méditerranéen des origines à nos jours.

Déjà parus

Kamal GUERROUA, *L'Algérie révoltée. Entre impasse et espoir de changement*, 2021.
Hocine MALTI, *Chroniques des années Bouteflika, (1999-2010)*, 2021
Jacques IZOULET, *Des chrétiens en Afrique du Nord (1945-1962)*, 2021.
Mustapha CHOUIKI, *La symbolique urbaine. Quelle mondialisation pour la ville maghrébine ?*, 2020.
Jacques POUS, *Henry Dunant, colon affairiste pionnier du sionisme*, 2020.
Fouad KEMACHE, *La nouvelle Algérie au défi de se transformer*, 2020.
Mohamed HARAKAT (dir.), *Etudes d'impact et politiques publiques au Maroc*, 2020.
Sofiane BOUHDIBA, *De Carthage à Lampedusa, La migration en Tunisie*, 2020.
Mohand AÏT AHMED, *La Grande Kabylie, Arabisation coloniale et histoire fragmentaire*, 2019.
Mehenni AKBAL, *Archives algériennes de la France coloniale, Réflexion sur la valeur de l'administration communale*, 2019.
Tahar KHALFOUNE (dir.), *Mélanges en l'honneur de l'historien Gilbert Meynier*, 2019.
Sofiane BOUHDIBA, *Jeunes de Tunisie*, 2019.
Chérifa SIDER, *Traumatisme psychologique et suicide en Algérie*, 2018.
Hassan BANHAKEIA, *La littérature de voyage en Afrique du Nord*, 2018.
Gibson NCUBE, *La sexualité queer au Maghreb à travers la littérature*, 2018.
Jacques BINOCHE, *L'Algérie et sa représentation parlementaire, 1848-1962*, 2018.
Saâdia AGOURAY, *Mobilités spatiales à Casablanca. Caractéristiques, mécanismes et impacts*, 2018.
Sofiane BOUHDIBA, *Six millions de femmes*, 2018.
Hosni KITOUNI, *Le désordre colonial, L'Algérie à l'épreuve de la colonisation de peuplement*, 2018.
Houria ALAMI MCHICHI, *Un autre regard sur les migrations, Expériences du Maroc*, 2018.
Antoinette CHAUVENET avec Faïza CHERFI et Marie-Claire MICHAUD, *La promotion des droits humains en Algérie*, 2017.
Driss ABBASSI, *La Tunisie depuis l'indépendance, Politique, histoire, identité*, 2017.

Bernard Le Gorgeu

LA STRATÉGIE NUMÉRIQUE DU MAROC

Vers l'émergence d'un *hub nu*mérique régional ?

Préface d'Olivier Kempf

L'Harmattan

5-7, rue de l'Ecole-Polytechnique, 75005 Paris
http://www.editions-harmattan.fr
ISBN : 978-2-343-23539-4
EAN : 9782343235394

REMERCIEMENTS

Merci à mon ami Antoine Daubet, géopoliticien de l'énergie, à mes parents et à ma femme pour leur relecture attentive. Merci, encore une fois, à ma femme et à mes trois enfants pour leur patience et les parties de pêche et sorties en bateau dont ce travail les aura privés durant l'été 2020.

SOMMAIRE

PRÉFACE

Qui connaît un peu l'Afrique ne peut manquer d'être impressionné par le développement marocain. Non que tout soit parfait mais voici un pays qui a peu de ressources en matières premières, hormis le phosphate, et qui a donc dû choisir une stratégie de développement à plusieurs facettes. Cela se voit dans l'industrie avec les usines installées dans le nord du pays, la construction d'une ligne TGV mais aussi dans les services avec plusieurs dimensions (port de Tanger Med et bien sûr le tourisme).

Cette stratégie économique s'articule avec une stratégie plus générale, consistant à faire du Maroc un pont entre l'Europe et l'Afrique, tout en étant articulé aussi bien vers la Méditerranée que l'Atlantique.

Cet environnement général explique pourquoi il est important d'examiner la stratégie numérique du Maroc. Comme l'explique Bertrand Le Gorgeu dans cet ouvrage, cette stratégie a elle-même plusieurs facettes : elle est tout d'abord une stratégie de soutien au développement économique national mais elle participe aussi à l'attractivité du royaume pour faire venir des sociétés européennes ou américaines. Le Maroc a en effet compris que l'infrastructure numérique était désormais un préalable au développement économique.

Cette stratégie numérique a deux autres dimensions : d'une part, la volonté de devenir un hub régional, permettant de relier l'Europe à l'Afrique, notamment l'Afrique de l'Ouest, pour appuyer l'axe diplomatique conduit depuis une bonne décennie ; d'autre part, l'intégration de la cybersécurité dans cette stratégie, qui relie la stratégie économique à la stratégie de défense.

Les objectifs sont-ils atteints ? En partie, répond Bertrand Le Gorgeu, au terme d'une analyse circonstanciée. Il déploie ainsi les qualités et la connaissance de ce milieu numérique et africain qu'il a acquises au cours de sa vie professionnelle.

Bertrand Le Gorgeu est en effet agent de l'ANSSI qu'il a rejointe après plus de 20 ans d'expérience dans la high-tech à des postes de direction commerciale internationale, dans des grands groupes comme Thales et Cisco, ainsi que dans des PME et des ETI. Il a ainsi développé une solide connaissance des réseaux de télécommunication opérateurs et entreprises, des problématiques de cybersécurité de l'Afrique anglophone et francophone où il a effectué une centaine de missions au cours des quinze dernières années. Bertrand Le Gorgeu est diplômé d'HEC Paris (1996). Il est également auditeur de l'IHEDN (1996) et de l'INHESJ (2019).

Je travaille avec Bertrand Le Gorgeu depuis plus de trois ans sur diverses missions d'analyse stratégique dans le domaine cyber et numérique. J'ai pu apprécier ses profondes qualités et sa rigueur professionnelle et analytique. Il livre ici un ouvrage de référence qui mérite le détour pour tous ceux qui s'intéressent particulièrement au Maroc, mais aussi aux questions numériques en Afrique.

Général (2S) Olivier Kempf

RÉSUMÉ EXÉCUTIF

Situé à la confluence de trois espaces - européen, arabo-maghrébin et africain -, le Maroc est un acteur politique, économique et technologique majeur à l'échelle africaine. Le Maroc développe en outre, depuis le début du règne de Mohammed VI (1999), une diplomatie africaine très active, qui comprend un volet économique important. Le numérique est un secteur d'activité dont le Maroc a rapidement compris l'importance, et l'État a tenté d'accompagner son développement, participant ainsi à l'émergence d'une filière d'*offshoring*[1] dynamique et à celle d'un des principaux opérateurs de télécommunication panafricains.

Cette étude de la stratégie du Maroc en matière numérique a quatre dimensions : comment s'intègre-t-elle à la stratégie marocaine de développement économique, mise en œuvre depuis l'accession au pouvoir de Mohammed VI ? Comment s'articule-t-elle avec la stratégie économique et diplomatique que met en œuvre le Maroc en Afrique ? Quelles relations entretient le Maroc avec les autres acteurs du numérique ? Enfin, malgré le volontarisme affiché, le Maroc peut-il devenir un *hub* numérique, et acquérir en ce domaine une forme de souveraineté ?

L'étude des travaux récents effectués sur le Maroc en sciences politiques, en géographie humaine et en économie permet de l'établir : la politique numérique du Maroc se définit et se déploie dans le cadre d'une stratégie globale, dont les objectifs sont la reconnaissance de la souveraineté marocaine sur le Sahara Occidental, la sécurité de la bande sahélo-saharienne, le développement économique par l'exportation, et enfin la mise en place d'infrastructures qui en feraient un *hub* régional.

[1] Services délocalisés comme la gestion de la relation client (CRM), l'externalisation de processus métier (BPO) ou l'infogérance (ITO).

Aujourd'hui, les télécommunications et l'*offshoring*[2] dominent le secteur numérique marocain. Le développement de Maroc Télécom est en partie dû à son instrumentalisation par le pouvoir qui en fait un vecteur d'influence dans un « pré carré africain » du Maroc, gigogne au « pré carré français ». Mais si l'État a su accélérer le développement de l'*offshoring,* sa création découle davantage des stratégies des donneurs d'ordre européens, et notamment français. La valeur ajoutée créée demeure limitée. Les Entreprises de Services Numériques (ESN) - à l'exception de la monétique – restent peu développées, en partie du fait des carences du système éducatif marocain et du financement de l'innovation.

En matière de cyberdéfense, le Maroc structure son dispositif depuis 2011, avec la création de la Direction Générale de la Sécurité des Systèmes d'Information (DGSSI) et la publication d'une stratégie nationale en matière de cybersécurité. Dans ce domaine, les principaux partenaires du Maroc sont l'Union Européenne - en particulier la France - et l'OTAN. Depuis 2013, l'État marocain affiche des coopérations avec la Corée du Sud, l'Inde et la Malaisie, et bénéficie de financements provenant des monarchies du Golfe. Pour l'instant, les partenariats développés avec la Chine et la Russie dans le secteur de l'armement ne semblent pas se traduire par des initiatives dans le domaine cyber.

Le Maroc a su se positionner comme un *hub* régional pour les équipementiers réseau, les éditeurs de logiciels et les opérateurs télécom. Cependant, il demeure à la périphérie du cyberespace africain, à l'aune du nombre de *data centers* présents dans le pays et de son intégration aux réseaux optiques mondiaux et régionaux (voir carte en annexe 8). La découverte depuis 2016 des enjeux de la souveraineté numérique semble surtout se limiter à la sécurité des données et à leur localisation sur le territoire marocain.

---

[2] Dans le secteur numérique, le segment des télécommunications représente 10 000 employés sur 120 000 et 54% du chiffre d'affaires, celui de l'*offshoring* 70 000 employés et 18% du chiffre d'affaires et celui de la distribution 3 000 employés et 17% du chiffre d'affaires. Les ESN emploieraient environ 27 000 personnes et génèreraient environ 10% du chiffre d'affaires. Le chiffre d'affaires du secteur numérique est estimé à 5,5 milliards d'Euros.

GLOSSAIRE

Cyberespace[3] : Espace de communication constitué par l'interconnexion mondiale d'équipements de traitement automatisé de données numériques.

Cyberdéfense[4] : Ensemble des mesures techniques et non techniques permettant à un État de défendre dans le cyberespace les systèmes d'information jugés essentiels.

Cybercriminalité[5] **:** Actes contrevenants aux traités internationaux ou aux lois nationales, utilisant les réseaux ou les systèmes d'information comme moyens de réalisation d'un délit ou d'un crime, ou les ayant pour cible.

Cybersécurité[6] : État recherché pour un système d'information lui permettant de résister à des événements issus du cyberespace, susceptibles de compromettre la disponibilité, l'intégrité ou la confidentialité des données stockées, traitées ou transmises et des services connexes que ces systèmes offrent ou qu'ils rendent accessibles. La cybersécurité fait appel à des techniques de sécurité des systèmes d'information et s'appuie sur la lutte contre la cybercriminalité et sur la mise en place d'une cyberdéfense.

Hub : Lieu nodal intermédiaire entre un ensemble d'origines et un ensemble de destinations, ayant la particularité d'organiser des correspondances permettant la maximisation du nombre de relations entre les lieux de ces deux ensembles.

Puissance : La puissance caractérise les rapports de l'État avec ce qui est en dehors de sa souveraineté, donc du domaine où s'exerce son pouvoir : « *j'appelle puissance sur la scène internationale la capacité d'une unité politique d'imposer sa volonté aux autres unités.* »[7]

Monétique : Ensemble des moyens informatiques et électroniques utilisés dans les transactions bancaires.

Numérique : Traduction française du terme anglais « *digital* ». Le numérique tend à se substituer aux TIC ou NTIC (Nouvelles Technologies de l'Information et de la Communication) en vogue dans les années 2000. Le numérique est au sens strict

---

[3] Définition de l'Agence National de Sécurité des Systèmes d'Information
[4] ibid
[5] ibid
[6] ibid
[7] Raymond Aron, Paix et Guerre entre les nations, Calmann-Lévy, Paris, 1962, p. 58

l'ensemble des technologies qui permettent de coder de manière discrète (sous la forme de 0 ou de 1), toute information (image, son, vidéo, texte). L'utilisation de ce terme s'est développée depuis les années 1990, avec le développement et l'appropriation par le grand public du cyberespace qui comprend trois couches, une couche matérielle, une couche logique et une couche sémantique. Dans cette étude nous étudierons le numérique à travers :
– Les services de transport de données (MNO[8], ISP[9], IXP[10])
– Les services de stockage de données (*Data Centers*), ou d'IaaS[11] (*Cloud Service Providers* ou CSP)[12]
– Les infrastructures (*hardware*) : équipements de télécommunication et de réseaux
– Ce que l'on appelait autrefois le secteur des SSII (Sociétés de Service en Ingénierie Informatique) qui comprend :

- ESN : Entreprises de Services Numériques
- ICT : Ingénierie Conseil en Technologie
- Éditeurs de logiciels (*software*)

– La cyberdéfense ou «cyber» qui se décline selon la définition du Ministère de la Défense en Lutte Informatique Offensive et Lutte Informatique Défensive (LIO et LID)

Offshoring : L'*offshoring* désigne des services délocalisés. Les principaux segments de l'*offshoring* sont : la gestion de la relation client ou *Customer Relationship Management* (CRM), l'externalisation de processus métiers ou *Business Process Outsourcing* (BPO), l'ITO ou *Information Technology Outsourcing* qui comprend la gestion d'infrastructures informatiques externalisée et le développement de logiciels ou le codage. On y distingue parfois également des services à plus forte valeur ajoutée comme l'*Engineering Service Outsourcing* ou ESO, l'externalisation de service d'ingénierie qui peut comprendre le développement logiciel et le codage et le *Knowledge Process Outsourcing* (KPO) - travail lié à la connaissance et à l'information. L'*outsourcing* ou externalisation est effectué par des travailleurs d'une entreprise différente ou par une filiale de la même organisation, qui peut être dans le même pays ou dans un site étranger pour bénéficier de coûts du travail plus avantageux.

Souveraineté : La souveraineté est traditionnellement définie comme le pouvoir exercé sur un territoire à l'égard d'une population, par un État indépendant libre de s'autodéterminer.

Stratégie : Prise au sens de stratégie générale, telle que définie par l'amiral Raoul Castex pour désigner *« l'art de conduire, en temps de guerre et en temps de paix, l'ensemble des forces et des moyens de lutte d'une nation »*, cette stratégie générale *« coordonnant les stratégies particulières, celles de divers secteurs de la lutte : politique, terrestre, maritime, aérien, économique… »*

---

[8] *Mobile Network Operator* (Orange, Maroc Telecom, Inwi…)
[9] *Internet Service Provider* ou Fournisseur d'Accès Internet en Français (FAI)
[10] *Internet Exchange Provider* (service d'interconnexion internet entre ISP, permettant d'accroître la performance du réseau au niveau national et international)
[11] *Infrastructure as a Service* (l'une des principales composantes du Cloud Computing qui permet de bénéficier de ressources informatiques virtualisées)
[12] Les *Cloud Service Providers* sont AWS, Microsoft, OVH…

INTRODUCTION

Pourquoi le choix du Maroc comme objet d'étude ? Le Maroc est un territoire qui présente de multiples intérêts. Il est situé à la confluence de trois espaces : l'espace européen, l'espace arabo-maghrébin et l'espace africain. À l'échelle africaine, c'est un acteur politique, économique et technologique important. Avec 35 millions d'habitants et plus de 100 milliards d'euros de PIB, le Maroc est la cinquième économie africaine. C'est à la fois une terre d'accueil pour les Investissements Directs Étrangers (IDE) – le Maroc est le deuxième récipiendaire d'investissements directs étrangers en Afrique, et c'est également un foyer de rayonnement en Afrique où il est devenu en 2018, le deuxième investisseur après l'Afrique du Sud. De même le Maroc développe depuis le début du règne de Mohammed VI une diplomatie africaine très active, qui comprend un volet économique important.

Le choix du numérique nous a paru particulièrement intéressant, car c'est un secteur d'activité dont le Maroc a rapidement compris l'importance et dont l'État marocain a tenté d'accompagner le développement, participant ainsi à l'émergence d'un secteur de l'*offshoring* dynamique et à celle d'un des principaux opérateurs de télécommunication panafricains.

De nombreuses entreprises voient l'Afrique comme le prochain territoire de conquête. C'est particulièrement le cas du secteur du numérique, qui possède, encore plus que d'autres, un potentiel de croissance important en Afrique, en raison de sa grande jeunesse, des solutions qu'il apporte déjà ou des promesses qu'il porte dans des domaines comme la santé, l'éducation, la banque ou l'agriculture.

Dans le domaine du numérique, le Maroc est une terre d'accueil pour les investissements et un marché convoité – la présence d'Orange, les participations koweïtiennes et émiriennes dans les opérateurs Inwi et Maroc Telecom en sont la preuve – mais également un foyer de rayonnement – la présence de Maroc Telecom dans dix pays africains l'atteste.

Il n'y a pas à notre connaissance de travaux portant spécifiquement sur la stratégie numérique marocaine sous l'angle géopolitique, même si, nous le verrons dans le chapitre 1, différents travaux de sciences politiques, de géographie, d'économie ont traité partiellement de ce sujet, et si le numérique a fait l'objet de nombreux rapports de la part d'instituts marocains ou d'organisations internationales.

L'étude de la stratégie du Maroc en matière numérique se fera sur plusieurs échelles. L'échelle nationale, d'abord, car cette stratégie est mise en œuvre par des acteurs (l'État et les entreprises marocaines) dont les centres de décisions, se trouvent sur le territoire marocain. L'échelle régionale qu'est l'Afrique, ensuite : c'est le principal espace sur lequel se déploie cette stratégie. L'échelle internationale, enfin, car le numérique est un secteur industriel dans lequel s'affrontent les trois principaux pôles économiques mondiaux : Amérique du Nord, Europe et Asie. Le Maroc entretient des relations, sur un sujet comme le cyber, qui relève du numérique, avec des États appartenant à ces différents pôles. De même, le Maroc représente un marché important à l'échelle africaine pour les entreprises du numérique issues de ces différents pôles. Enfin, certaines entreprises marocaines intégrées dans des Chaînes de Valeur Mondiales (CVM) se déploient dans ces différents pôles.

Le Maroc s'est connecté au réseau Internet en 1995 et le secteur des télécommunications y a été libéralisé en 1997. Le développement au Maroc des Nouvelles Technologies de l'Information et de la Communication (NTIC), que l'on appelle désormais plus communément « numérique », traduction française du terme anglais « digital », correspond à peu près à l'avènement du souverain Mohammed VI en 1999[13]. Le développement du numérique a connu trois phases au Maroc.

La première phase débute avec la libéralisation du secteur des télécommunications et s'achève en 2011. Durant cette phase, le numérique est essentiellement perçu par l'État marocain comme un outil au service du développement du pays. Les réformes mises en œuvre permettent au Maroc de figurer dans le peloton de tête des pays

[13] Mohammed VI a été intronisé le 30 juillet 1999 à l'âge de 36 ans, une semaine après la mort de son père Hassan II.

africains en termes de connectivité à internet et de « digitalisation » ou numérisation de son économie[14].

À partir de 2011 et dans le sillage des printemps arabes[15], la perception du numérique change. Le numérique apparaît comme un secteur accélérateur de ruptures sociales, qui prennent l'État marocain de court, et auxquelles il doit s'adapter en lançant une réforme constitutionnelle. Les technologies numériques seront d'ailleurs, à l'initiative de citoyens, utilisées pour rassembler et formaliser des propositions de réformes.

L'année 2020, avec la Covid-19, marque une nouvelle étape dans la perception que le Maroc a du numérique. Comme partout dans le monde, les technologies numériques sont vues comme des outils permettant la résilience du pays : télétravail, identification et aides financières des personnes dans le besoin via les téléphones portables, application de traçage volontaire Wiqaytna qui est le pendant marocain de l'application Stop-Covid. La Covid-19 devrait donc, comme ailleurs, être un facteur d'accélération de la numérisation des entreprises et des administrations marocaines. La Covid-19, par le débat qu'elle a suscité sur les modalités de la numérisation, a également amené le Maroc à s'interroger sur la notion de souveraineté numérique.

Les technologies numériques se diffusent dans toutes les activités humaines, et si leur développement fait souvent l'objet de politiques publiques, leur diffusion et leur adoption échappent pour partie aux États.

Dans la sphère des politiques publiques, nous nous attacherons donc à étudier les politiques mises en place par l'État marocain pour développer le secteur numérique. Dans la sphère de la sécurité et de la défense, nous nous attacherons à comprendre les rapports qu'entretient le Maroc avec d'autres États et les entreprises qui en sont issues, et comment certaines entreprises marocaines sont influencées par la politique étrangère et la politique de défense qui est celle du Maroc. Dans la sphère économique, nous nous attacherons à comprendre les stratégies mises en place par les principaux acteurs privés du secteur numérique marocain. Comment s'intègrent-elles à la stratégie

---

[14] Représenté par le concept d'iGDP du cabinet de conseil McKinsey. L'iGDP, ou iPIB, est la contribution du numérique au PIB d'un pays. Il sera analysé dans ce travail.

[15] Le premier printemps arabe commence en Tunisie le 17 décembre 2010 avec la tentative de suicide par immolation de Mohamed Bouazizi à Sidi Bouzid.

développée par l'État ? Comment les entreprises marocaines s'intègrent-elles dans l'environnement international – les chaînes de valeur mondiales ou CVM ? Quelles sont les lacunes du secteur numérique au Maroc ?

Quatre problématiques conduiront notre réflexion : *comment s'intègre la stratégie marocaine de développement numérique à la stratégie de développement économique mise en œuvre depuis l'accession au pouvoir de Mohamed VI ? Comment s'articule la stratégie numérique du Maroc en Afrique avec celle qu'il met en œuvre sur le plan diplomatique, et notamment avec sa diplomatie économique ? Quelles relations le Maroc entretient-il avec les autres acteurs du numérique (Union européenne, France, États-Unis, Chine, Russie, mais également des acteurs comme l'Inde, la Corée du Sud ou la Malaisie, avec qui le Maroc a développé des partenariats) ? Malgré le volontarisme affiché, le Maroc peut-il devenir un hub numérique, et acquérir en ce domaine une forme de souveraineté qu'il conviendra de définir ?*

Pour étudier ces problématiques, nous procéderons en quatre étapes. Nous réaliserons dans le chapitre 1, une mise en perspective des recherches menées sur le Maroc dans trois domaines : la géopolitique et les relations internationales nous permettront d'appréhender sa politique étrangère, sa diplomatie économique et sa politique de sécurité et de défense. L'économie politique nous permettra de mieux comprendre la stratégie de développement mise en œuvre par le Maroc et d'envisager les limites d'un développement du numérique lui aussi fondé sur un modèle essentiellement exportateur. Enfin l'étude de différents travaux sur le numérique nous montrera en quoi il est à la fois un outil de développement et de contestation.

Dans le chapitre 2, nous étudierons l'articulation de la stratégie numérique marocaine avec sa stratégie de développement industriel. Pour avoir des éléments de comparaison nous nous attacherons à comprendre comment s'est développée la stratégie industrielle marocaine sous le règne de Mohammed VI, avant d'étudier spécifiquement les objectifs de la stratégie numérique marocaine et d'en faire le bilan.

Le chapitre 3 sera consacré à l'étude de l'articulation géographique de la stratégie numérique du Maroc. Cette étude sera menée grâce à une étude des stratégies développées par les entreprises en distinguant les opérateurs de télécommunications, et notamment Maroc Télécom, des autres acteurs. Elle sera également menée à travers l'étude des relations du gouvernement marocain avec États et organisations internationales dans le domaine cyber.

Enfin, dans le chapitre 4, nous interrogerons les limites du volontarisme numérique marocain en analysant les limites de la stratégie de *hub* numérique développée par le royaume, en essayant d'évaluer la position relative du Maroc en matière numérique par rapport aux grandes économies africaines que sont l'Afrique du Sud, l'Égypte, le Nigéria et le Kenya.

CHAPITRE 1

Mise en perspective

La stratégie du Maroc en matière numérique s'intègre dans la politique étrangère développée par le Maroc sous le règne de Mohammed VI, mais également dans la politique économique mise en place et enfin pour ce qui est des aspects cyber dans sa politique de sécurité et de défense. De même, cette stratégie s'inscrit dans un espace géographique : « *tout État fait la politique de sa géographie* », disait Napoléon Bonaparte dans un aphorisme célèbre.

Afin de comprendre les enjeux de la stratégie du Maroc en matière numérique, il convient d'étudier, outre les travaux portant sur le numérique même, les travaux récents effectués sur le Maroc en sciences politiques, en géographie humaine et en économie.

I. Le Maroc, sujet d'étude en sciences politiques

En sciences politiques, nous nous attacherons à étudier la politique de puissance mise en place par le Maroc, à travers une étude des travaux existants sur la politique étrangère du Maroc et son évolution depuis les années 90, les leviers diplomatiques de la politique étrangère et enfin sa politique de sécurité et de défense.

1. Les constantes de la politique étrangère marocaine

Les travaux sur la politique étrangère du Maroc ne sont pas nombreux. Il n'existe aujourd'hui aucune étude sur la diplomatie numérique ou la cyber-diplomatie marocaine, même si l'IRES semble travailler sur ce sujet depuis 2019.

Les travaux qui nous ont semblé les plus pertinents pour décrire le cadre dans lequel se déploie la stratégie numérique du Maroc sont ceux de Béatrice Tibou et Mohamed Tozi, ceux de Yousra Abourabi, et ceux de Jean-Yves Moisseron et Jean-François Daguzan de la FRS. Nous avons également retenu les travaux de Mohammed El-Katiri, pour le US Army War College, ceux de Ward Vloeberghs de l'Université Erasmus et ceux, plus anciens, de Stephen Zunes, pour avoir une analyse de la politique étrangère marocaine sous un prisme plus anglo-saxon.

Ces travaux nous ont permis de caractériser la politique étrangère du royaume par les éléments suivants :

- La politique étrangère du Maroc n'a pas encore été théorisée et reste un domaine réservé du monarque, malgré les efforts faits pour réformer et renforcer l'appareil diplomatique.
- Les questions frontalières, et notamment celle du Sahara Occidental, ont été et demeurent des déterminants importants de la politique étrangère marocaine, auxquels s'ajoute désormais l'importance prise par les questions économiques et de sécurité.

La politique étrangère marocaine n'a pas encore été théorisée, puisque les grandes orientations politiques du Maroc n'ont à ce jour pas fait l'objet d'une campagne politique, d'un débat parlementaire ou d'une publication officielle d'envergure (Abourabi, 2015). Les différentes études montrent comment la politique étrangère demeure le domaine réservé du monarque, même si le ministère des Affaires Étrangères a fait l'objet de plusieurs réformes durant le règne de Mohammed VI. Ce rattachement de l'action diplomatique à la personne du roi s'est manifesté par l'« ingénierie de la mobilité » (Hibou et Tozy, 2015) dont on observe la manifestation, sur le plan international (entre 1999 et 2017, le souverain a ainsi réalisé plus de 50 déplacements dans plus de 29 pays[16]) comme sur le plan national avec le déplacement du souverain dans les différentes villes royales au fil de l'année.

Les questions frontalières, et notamment la question sahraouie[17], ont longtemps expliqué une grande partie de la politique étrangère

[16] Source La Tribune Afrique, 21/08/2017

[17] La frontière orientale du Maroc avec l'Algérie a été définie à l'issue de la guerre des Sables de 1963 (conflit de 5 mois consécutif à l'annexion par l'Algérie de la région de Tindouf). Le Maroc a profité du départ des Espagnols pour envahir avec la Mauritanie le Sahara espagnol en 1976 lors de la Marche Verte. En réaction le Front

marocaine. Après l'indépendance en 1956, le Maroc a d'abord revendiqué l'ensemble de la Mauritanie et une partie de l'Algérie en mettant en avant des arguments historiques, géographiques, religieux et anthropologiques, résumés dans un « Livre blanc » publié le 2 novembre 1960. En raison d'un rapport de force défavorable au sein de l'ONU et de l'OUA[18] à partir de 1963, le Maroc a recentré ses revendications sur le Sahara Occidental, zone alors administrée par l'Espagne, située entre le Maroc colonial et la Mauritanie coloniale.

Durant le règne de Hassan II (1961-1999), père de Mohammed VI, la stratégie diplomatique du Maroc était dominée par la question sahraouie et le soutien du camp occidental. Pour le Sahara Occidental, la stratégie diplomatique du Maroc consistait à rompre systématiquement les relations diplomatiques avec les pays reconnaissant la République Arabe Sahraouie Démocratique (RASD). Cela a conduit le royaume à quitter l'OUA en 1984, quand celle-ci, sous l'influence de l'Algérie, a accepté la RASD en son sein.

Jusqu'à la fin de la guerre froide en 1991, la diplomatie du Maroc s'est inscrite dans la grammaire d'un monde bipolaire. Le Maroc appartenait au camp occidental et entretenait des relations étroites avec la France « foccartienne », en participant à différentes opérations visant à faire front à l'avancée communiste en Afrique francophone (Abourabi, 2016), tout en développant une relation bilatérale avec les États-Unis. Entre 1950 et 1987, le Maroc a ainsi été le deuxième récipiendaire d'aide américaine du monde arabe derrière l'Égypte. L'aide militaire américaine est ainsi passée de 4,1 millions de dollars en 1974 à 99,8 millions de dollars en 1978. Cette aide s'est encore accrue dans les années Reagan (Zunes, 1987).

Polisario a créé en 1976 la République Arabe Sahraouie Démocratique (RASD). Alors que le Sahara occidental est pour l'ONU un territoire autonome dont la décolonisation n'est pas achevée, la RASD est reconnue par l'UA et une trentaine de pays d'Afrique et d'Amérique latine. Le principal soutien de la RASD est l'Algérie, qui héberge et finance le « gouvernement » de la RASD en exil à Tindouf. Au Nord, le Maroc revendique aussi régulièrement les enclaves espagnoles de Ceuta et Melilla, ainsi que l'îlot Perejil (en espagnol) ou Layla (en arabe) qui a donné lieu en 2002 à un conflit entre l'Espagne et le Maroc.

[18] Organisation de l'Union Africaine

2. Une évolution dans la continuité depuis les années 90

La fin de la guerre froide (1991), l'avènement de Mohammed VI (1999) et son intérêt pour l'économie, la baisse relative du poids économique de la France et de l'Union européenne depuis la crise financière de 2008, les problèmes de sécurité au Sahel sont autant de raisons qui expliquent le redéploiement de la politique étrangère marocaine, même si le Royaume maintient et approfondit ses liens privilégiés avec l'Europe (le Maroc a obtenu en 2008 le « statut avancé »[19] auprès de l'UE) et les États-Unis, qui demeurent ses appuis stratégiques. Ce redéploiement s'est effectué vers les BRICT[20] (Vloeberghs, 2011), les Pays du Golfe (Abourabi, 2015) mais surtout l'Afrique (El-Katiri, 2015).

Si la reconnaissance du Sahara Occidental comme province marocaine demeure la priorité de la diplomatie marocaine en Afrique, la stratégie a changé : le Maroc a abandonné la politique de la chaise vide pour une politique des voix au sein de l'OUA. Le Maroc cherche en outre à conforter ou accroître son poids régional, à être un acteur majeur de la stabilité régionale, à travers la recherche d'une forme de puissance (Abourabi, 2015). C'est le double objectif de la stratégie marocaine.

Lors de l'avènement de Mohammed VI, le Maroc était essentiellement tourné vers les pays francophones d'Afrique de l'Ouest, centrale et sahélienne et n'entretenait que peu de rapports diplomatiques et économiques avec un axe « hostile », constitué par l'Algérie et ses alliés au sein de l'UA : Afrique du Sud, Nigéria mais également Angola, Mozambique et Éthiopie.

La perception par la diplomatie marocaine de son environnement régional a bien évolué depuis, comme en atteste une note du Ministère des Affaires Étrangères de 2014, révélée par Chris Coleman[21]. La représentation bipolaire laisse la place à une représentation par cercles.

---

[19] Ce statut comprend notamment un accord de pêche, un accord de coopération en matière de sécurité et un accord de libre-échange économique.

[20] Brésil, Russie, Inde, Chine, Afrique du Sud, Turquie.

[21] Chris Coleman est un *hacker* marocain qui a divulgué entre 2014 et 2018 un nombre important de documents internes des FAR et du ministère des Affaires Étrangères du Royaume, auxquels la presse européenne a donné un certain crédit. Considéré comme l'instigateur du Wikileaks marocain son identité n'a pas été révélée au public.

Le premier cercle se compose des partenaires stratégiques qui soutiennent la politique sahraouie du Maroc et entretiennent avec celui-ci des liens économiques forts : ce cercle comprend le Sénégal, la Cote d'Ivoire, la Guinée et le Gabon. Un second cercle[22] est à renforcer sur le modèle du premier. Un troisième cercle est constitué de pays[23] avec lesquels le Maroc dispose de relations solides, possédant un potentiel de développement de relations politiques et économiques. Un quatrième cercle rassemble des pays[24] offrant des perspectives sur le plan politique ou économique. Enfin, des pays d'Afrique australe hostiles au Maroc sur la question sahraouie constituent le dernier cercle. Les pays du premier au troisième cercle sont pour l'essentiel des pays francophones se trouvant sur un arc atlantique[25], que des instituts marocains comme l'IRES ou le Policy Center for the New South considèrent comme un axe de développement stratégique pour la politique étrangère marocaine (Mouline, 2016) (Lesser et al., 2012).

Le développement des relations du Maroc avec les monarchies du Golfe doit également être mentionné. Nous verrons que les Émirats Arabes Unis ont ainsi investi de manière importante dans le secteur numérique marocain. Le Maroc a certes développé ses relations avec les pétromonarchies et accueilli de nombreux investissements[26], mais les relations politiques sont empreintes de prudence. Le Royaume a ainsi poliment refusé l'invitation à rejoindre le Conseil de Coopération du Golfe (CCG), en disant préférer se concentrer sur l'Union du Maghreb Arabe qui est pourtant au point mort. Le roi craignait sans doute que cela ne soit une porte d'entrée supplémentaire à l'islam salafiste dont l'Arabie Saoudite encourage déjà le développement dans ce que le Royaume marocain considère comme sa sphère d'influence. Il semble que le Maroc, comme l'Algérie et la Tunisie, souhaite garder une forme de distance afin d'éviter la création de liens de dépendance trop importants (Malka, 2018).

---

[22] Burkina Faso, Niger, Mali, Togo, RDC, Cameroun, Guinée Équatoriale, Congo, Comores et RCA.

[23] Gambie, Guinée Bissau, Cap Vert Libéria, Sierra Leone, Sao Tomé et Principe, Djibouti, Érythrée, Burundi, Ghana, Kenya, Madagascar, Maurice et Seychelles.

[24] Angola, Éthiopie, Rwanda et Tanzanie.

[25] Espace allant du Maroc au delta de la cuvette du Congo

[26] Selon la Direction du Trésor Française, sur la période 2014-2018, avec13,17% des IDE, les Émirats Arabes Unis se positionneraient ainsi au deuxième rang des investisseurs derrière la France (21,28% des IDE) et devant l'Arabie Saoudite au sixième rang avec 7,26%.

L'action diplomatique du Royaume s'est donc concentrée sur l'Afrique. C'est en partie un héritage de la colonisation : Yousra Abourabi parle d'un pré carré gigogne au pré carré français (Abourabi, 2016). C'est aussi en partie un legs historique plus ancien. L'empire almoravide et ses successeurs ont joué un rôle clé dans l'islamisation de l'Afrique de l'Ouest, tout en établissant des routes commerciales qui allaient jusqu'au Nigeria et au Mali.

Nous verrons plus loin dans l'étude qu'une partie du développement du secteur du numérique marocain s'opère dans ce que les Marocains considèrent comme leur sphère d'influence.

3. Les vecteurs de l'action diplomatique marocaine

Les leviers utilisés par le Maroc pour atteindre ce double objectif, outre la politique de sécurité et de défense qui sera analysée séparément, sont la représentation diplomatique dans les petits pays et les organisations sous-régionales (Abourabi, 2015), la diplomatie religieuse et culturelle (Abourabi, 2015) et la diplomatie économique (Moisseron et Daguzan, 2019).

Le Maroc a ainsi ouvert plus de 30 représentations diplomatiques dans le monde entre 1999 et 2015. Chaque petit pays compte, car il représente une voix potentielle à l'ONU sur la question sahraouie. De même, pour gagner en visibilité internationale, le Maroc a investi comme membre observateur plusieurs organisations régionales : la CEDEAO (Communauté Économique des États d'Afrique de l'Ouest), la CEN-SAD (Communauté des États Sahélo-Sahariens) et la CEMAC (Communauté Économique et Monétaire des États de l'Afrique Centrale) en Afrique, l'ASEAN en Asie, le PARLANTINO, la SEGIB et l'AEC en Amérique.

L'action diplomatique du Maroc se fait également à travers l'utilisation d'une diplomatie tripartite ou « Diplomatie de Pont » (Nord/Sud/Sud), dans laquelle le Maroc s'associe à des pays du Nord, comme la France ou le Japon, ou des organisations internationales comme la FAO ou la BAD, pour mobiliser des financements et construire des infrastructures dans des pays africains comme le Niger, en impliquant des entreprises marocaines.

Le levier culturel et religieux a également pris une importance croissante. Le Maroc accueille depuis 2012 plus de 8 000 étudiants africains par an, dont plus des deux tiers sont boursiers. Le recrutement et le suivi de ces étudiants sont d'ailleurs réalisés par l'AMCI, qui dépend du Ministère des Affaires Étrangères. Nous verrons comment cette politique se déploie dans le domaine du numérique, secteur dans lequel le Maroc cherche à attirer des « talents ».

Pour ce qui est de la diplomatie religieuse, le Maroc projette un islam marocain[27] du « juste milieu » (Abourabi, 2016) en Afrique subsaharienne, pour lutter contre l'influence croissance du salafisme.

L'islam marocain du juste milieu se définit à partir de quatre piliers : l'école acharite qui insiste sur l'usage de l'argumentation dialectique fondée sur la raison, le rite malékite qui développe culture et esprit de concorde, le soufisme qui autorise une forme de liberté dans le contact avec Dieu et le souverain qui est le chef des croyants. Cet islam marocain est une des dimensions du *soft power* marocain et vise une « clientèle » potentielle de 190 millions de musulmans en Afrique de l'Ouest.

La diplomatie religieuse marocaine s'est notamment matérialisée par la création de l'institut Mohammed VI pour la formation des imams. Ce centre a une vocation internationale et accueille chaque année plusieurs centaines d'imams africains et européens. Il faut également noter la création en 2015 de la fondation Mohammed VI dont le but est « *d'unifier les oulémas*[28] *marocains et leurs homologues africains*[29] ».

---

[27] L'Islam marocain peut être caractérisé par l'école théologique acharite, le rite malékite, le soufisme et l'allégeance au Souverain. L'acharisme est une école théologique de l'islam, fondée par Abu Al-Hasan al-'Ash'arī (873-935), descendant d'Abu Musa al-'Ash'arī, compagnon de Mahomet, et issu de la tribu yéménite des acharites. Le malékisme est l'une des quatre écoles du droit musulman sunnite. Cette école diffère des trois autres : elle est plus structurée et hiérarchisée avec un primat à sa tête. Si comme les autres écoles elle utilise pour déterminer la jurisprudence le Coran, la sunna, l'Ijmâ' (le consensus des compagnons de Mahomet) et les analogies (qiyâs), elle se singularise par l'usage des pratiques des premiers habitants musulmans de Médine (Amal ahl al-medina), de la tradition de Mahomet (ahadith), tout en prenant en considération l'intérêt général (ou Maslaha). Le soufisme est une voie d'élévation spirituelle par le biais d'une initiation dite *tassawuf* ou encore *tariqa*, qui par extension désigne les confréries rassemblant les fidèles autour d'une figure sainte.

[28] Les oulémas sont des théologiens effectuant des recherches dans le domaine du Coran et de la tradition prophétique (la *sunna*), dont les avis peuvent aller bien au-delà de la connaissance théologique. Ils sont considérés comme des hommes de référence, gardiens de la tradition musulmane.

[29] Source : Ministère des Habous et des Affaires Islamiques

La diplomatie économique est également un levier important de la politique de puissance marocaine. Ce thème, abordé par Yousra Abourabi, Jean-François Daguzan et Jean-Yves Moisseron, a été particulièrement étudié par des chercheurs marocains comme Ghizlane Salam, Karima Haoudi et Amine Dafir. Ce dernier définit la diplomatie économique comme « *l'ensemble des mécanismes et pratiques adoptés par des acteurs, publics ou privés dans le but de réaliser les objectifs économiques d'un État par le recours à des moyens politiques ou de réaliser les objectifs politiques par le recours à des moyens économiques* » (Dafir, 2012). Cette définition présente l'intérêt de mettre en exergue les liens croisés entre économie et politique, et d'interroger sur la force dominante entre intérêts privés et intérêts publics.

Dans un rapport de 2012 (Direction des Études et des Prévisions Financières, 2012), le Ministère de l'Économie et des Finances mentionne que le développement des relations du Maroc avec l'Afrique s'est effectué en raison de « *l'importance du marché africain subsaharien en termes stratégique, économique et commercial* » et, de fait, a permis de résorber le déficit commercial du Maroc avec l'Afrique dès 2010. C'est également ce qui transparaît dans la monographie de Mohammed El Katiri, pour qui le développement des exportations et des investissements marocains en Afrique serait la conséquence d'une recherche de débouchés alternatifs à l'Europe.

Si cela a permis au Maroc de résorber son déficit commercial avec l'Afrique, il semblerait pourtant que les intérêts économiques soient subordonnés à des objectifs politiques. De fait, alors que dans un pays comme la Turquie, le déploiement des entreprises privées à l'international est essentiellement mené par la fédération patronale TURSKOM, au Maroc le roi est à l'initiative de la diplomatie économique. « *L'inclusion des acteurs économiques dans la politique africaine sert indirectement des finalités politiques éminentes* » (Abourabi, 2016). Pour Yousra Abourabi, à travers sa diplomatie économique, le Maroc est davantage à la recherche d'influence politique que de gains économiques. La diplomatie économique marocaine s'inscrirait ainsi dans une politique de puissance.

Il apparaît cependant difficile, dans le cas marocain, de savoir ce qui prévaut entre intérêt économique et intérêt politique, tant le roi et la famille royale sont liés au secteur économique. On observe ainsi que les grands groupes qui participent aux voyages du souverain ont des liens capitalistiques avec la famille royale. Nous verrons dans l'étude que le numérique, à travers l'opérateur Maroc Télécom, joue un rôle clé dans cette diplomatie économique.

4. La politique de sécurité et de défense

Le volet cyber de la stratégie marocaine en matière numérique constitue l'un des objets de cette étude. Il est donc important de comprendre quelles sont les grandes lignes de la politique marocaine en matière de sécurité et de défense. En l'absence de publications officielles (à l'exception des discours royaux aux Forces Armées Royales prononcés le 14 mai, comme celui de 2019 cf. annexe 1) sur la doctrine marocaine en matière de sécurité et de défense, nous nous sommes concentrés sur l'analyse d'études récentes d'instituts de recherche français, marocains et espagnols, ainsi que sur des documents en ligne, comme la note stratégique sur les Forces Armées Royales diffusée par Chris Coleman en 2015.

La stratégie mise en œuvre par les Forces Armées Royales pour s'adapter à un monde en pleine mutation repose sur deux axes principaux : la priorisation stratégique pour ajuster les politiques de défense et l'incorporation à la doctrine des Forces Armées Royales de la notion de continuum sécurité-défense, notamment pour la lutte contre le terrorisme régional (El Houadaigui, 2019). Pour Rachid El Houdaigui, les Forces Armées Royales se concentrent sur la consolidation de trois « points d'appui géopolitiques » que sont le maintien de l'équilibre stratégique avec l'Algérie, la participation au combat contre le terrorisme régional au Sahel et le développement d'une présence effective dans le détroit de Gibraltar.

La volonté de maintenir l'équilibre stratégique avec l'Algérie a contribué à une importante augmentation des importations de matériel militaire par le Maroc. Celui-ci se positionne désormais comme deuxième importateur d'armes en Afrique derrière l'Algérie : sur la période 2014-2018, les deux pays ont représenté 71% des importations d'armes en Afrique (Wezeman et al., 2020). La répartition géographique des importations est d'ailleurs révélatrice des alliances de chaque pays : les importations marocaines proviennent des États Unis pour 90% et de France pour 9%, alors que les importations algériennes proviennent de Russie pour 67% et de Chine pour 13%. Les efforts marocains se sont concentrés sur le maintien de la supériorité aérienne et le développement de la marine.

Le développement de la marine marocaine répond également à la volonté du Maroc de se positionner comme un acteur important pour le contrôle du détroit de Gibraltar, comme l'Espagne et le Royaume-Uni. Cette volonté s'est notamment traduite par la construction d'une première base navale en Méditerranée à Ksarghir.

La participation à la lutte contre le terrorisme régional, quant à elle, s'est traduite par des investissements importants dans la surveillance électronique. Ces investissements ont commencé dans les années 1980, avec la mise en place d'un dispositif de surveillance électronique Northrop Grumman le long de la frontière sub-saharienne. Ils se sont poursuivis depuis : le Maroc a ainsi commandé en 2013 deux satellites militaires à Thales Alenia Space (livrés en 2017 et 2018), et acheté en 2018 aux Américains un système de surveillance aérienne ISR[30] utilisant de la technologie israélienne[31]. Ce projet aurait été financé par l'Arabie saoudite et les Émirats Arabes Unis.

La volonté marocaine de développer une Base Industrielle de Technologie et de Défense (BITD) apparaît clairement depuis quelques années. La note stratégique des Forces Armées Royales, divulguée en 2015 par Chris Coleman, montre cependant que cet effort est dirigé vers des moyens conventionnels, comme les munitions et les armes légères, la fabrication de vedettes et des capacités de maintenance lourde. Le Maroc souhaite mettre en place des transferts de technologie dans le cadre de futurs contrats. Le recours à de nouveaux partenaires comme la Chine est d'ailleurs mentionné dans ce rapport.

La volonté d'adjoindre un volet cyber dans cette BITD en gestation n'apparaît dans aucune étude connue. On pourra seulement noter que dans son discours aux Forces Armées Royales du 14 mai 2019 (Annexe 1), le souverain mentionne la nécessité d'un « *développement des forces armées royales et la modernisation de leurs capacités militaires (…) pour faire face aux menaces (…) y compris les menaces terroristes, électroniques et cybernétiques* ».

Dans la suite de cette étude nous nous attacherons à étudier s'il existe des « signaux faibles » annonçant le développement d'un volet cyber. Il sera également intéressant d'analyser vers quels partenaires le Maroc entend se tourner.

---

[30] Intelligence Surveillance Reconnaissance

[31] Voir p. 74

II. Le Maroc sujet d'etude en geographie et en economie

Nous avons, dans la partie précédente, mis en perspective le Maroc comme sujet d'études en sciences politiques. Nous allons ici tenter de résumer les travaux récents effectués sur le Maroc, dans deux autres volets des sciences humaines et sociales : l'économie et la géographie. Nous attacherons une importance particulière aux travaux réalisés récemment sur les stratégies exportatrices et leurs limites. Le Maroc entend devenir un *hub* numérique qui servirait d'interface à des acteurs du numérique issus d'Europe, de Chine ou d'Amérique du Nord. Il est important de comprendre si le Maroc a pu devenir un *hub* dans d'autres secteurs économiques comme les transports, le secteur financier, l'automobile ou l'aéronautique, et comment, afin de voir si l'on observe les mêmes dynamiques dans le domaine du numérique.

1. Le Maroc en géographie humaine

Les différents travaux mentionnés dans la première partie de ce chapitre montrent comment le Maroc a entrepris, depuis le début du règne de Mohammed VI, de se créer un espace d'influence politique et économique, sur lequel il peut développer et utiliser son *soft power*. Cette zone d'influence est transverse à plusieurs organisations sous-régionales auxquelles le Maroc participe comme membre ou observateur, et s'étend en Afrique de l'Ouest. L'Afrique de l'Ouest étant un espace dont les frontières sont difficiles à définir (Mareï, 2017), le terme « d'arc atlantique » nous semble plus approprié.

Cet arc atlantique est *de facto* un espace géographique sur lequel semble s'opérer une intégration régionale « fonctionnelle » dans lequel le Maroc joue un rôle clé. Par intégration régionale fonctionnelle, nous entendons le « *processus par lequel les interactions entre des territoires contigus croissent à tel point qu'elles finissent par être plus intenses en interne qu'avec les territoires situés à l'extérieur. La croissance des interactions est observable dans la géographie des acteurs à tous les niveaux (individus, firmes, institutions, etc.). Les ensembles régionaux intégrés se lisent ainsi dans la géographie des pratiques sociales, économiques et politiques et non nécessairement dans les limites des grands ensembles fondés sur des accords. Ce sont les pratiques qui font la région et permettent d'en lire les contours* » (Richard, 2014).

Le Maroc, comme la Tunisie, fait preuve d'un regain d'intérêt pour l'Afrique depuis le milieu des années 1990 (Wippel, 2003). Il renoue ainsi avec les liens séculaires forts entretenus avant la colonisation. Cette dynamique s'inscrit dans le phénomène de régionalisation qui connaît un essor important depuis les années 1990 en Europe, en Amérique du Nord et en Asie

Les travaux de Jean Debrié, Nora Mareï, Jérôme Lombard et Olivier Ninot montrent comment le Maroc a pu sortir d'une situation presque insulaire il y a vingt ans, et accéder à un rôle de *hub* logistique. C'est une image, mais il est vrai que bordé au Nord par la mer Méditerranée, à l'Ouest par l'océan Atlantique, à l'Est par l'Algérie où la frontière est fermée depuis 1994 et au Sud par le Sahara, dont il peine à faire reconnaître la bordure occidentale comme partie prenante du pays, le Maroc présente un caractère insulaire (Mareï et al., 2019).

Avant l'ouverture du port de Tanger Med en 2007, tout le trafic maritime entre le Maroc et l'Afrique passait par le port espagnol d'Algesiras. De même dans le domaine du transport aérien, le Maroc était, jusqu'au milieu des années 2000, encore faiblement connecté au reste de l'Afrique par les lignes de la Royal Air Maroc. Enfin, les liaisons routières avec la Mauritanie et le Sénégal étaient d'une qualité médiocre.

L'avantage géographique du Maroc est sa proximité de l'Europe : l'Espagne est à 37 km et sa position à la confluence de l'espace maghrébin (plus de 100 millions d'habitants entre Maroc, Mauritanie, Algérie, Tunisie, Libye) et de l'arc atlantique (plus de 100 millions d'habitants) a ainsi été utilisée à bon escient pour faire émerger le Maroc comme un pôle logistique majeur. Le secteur logistique est ainsi devenu un élément important de l'économie marocaine puisqu'en 2016 il représentait 5% du PIB et 445 000 emplois (Debrie et Mareï, 2018)

La stratégie nationale de la compétitivité logistique est un schéma sectoriel transverse aux différents schémas lancés par Mohammed VI depuis l'an 2000 (Pacte National pour l'Émergence Industrielle, plan Maroc Vert, plan halieutique, plan *Rawaj* pour le commerce). Ce schéma logistique comprend cinq axes : développement d'un réseau national de zones logistiques multiflux, optimisation des flux de marchandises, développement d'un tissu d'acteurs logistiques, développement de compétences.

Cette stratégie a permis de faire émerger le Maroc comme un acteur majeur de la logistique portuaire. Le port de TangerMed apparait ainsi comme un pôle économique structurant à l'échelle régionale et internationale, alors que la région de Tanger était auparavant à l'écart du pays. La zone franche de Medhub est devenue un centre logistique international monde-monde puisque les marchandises y sont éclatées à l'échelle macro-régionale[32] avec 37 destinations touchées, de la Mauritanie à l'Angola (Debrié et Mareï, 2018). Autour de Tanger se sont également développées des zones industrielles, notamment dans le domaine de l'industrie automobile que nous évoquerons dans la section suivante. Enfin, le développement de Tanger a également bénéficié à Casablanca avec laquelle se sont développées des liaisons par mer, par rail et par route.

Pour les transports aériens, Royal Air Maroc (RAM) est devenue un acteur majeur des transports aériens en Afrique durant les vingt dernières années. L'aéroport de Casablanca est devenu le *hub* africain de la RAM, avec une trentaine de destinations couvertes dans le Nord, l'Ouest et le centre de l'Afrique (Mareï, 2018). La RAM ambitionne de profiter de ses 37 escales en Europe pour devenir le principal terminal de transit en Afrique et dépasser ainsi Ethiopian Airlines, Turkish Airlines et Kenyan Airways.

Le Maroc, qui est déjà relié par route bitumée à Dakar via Nouakchott, devrait également bénéficier du *Programme for Infrastructure Development in Africa*[33] dans le domaine des infrastructures routières de transport. Ce programme devrait d'ici 2040 permettre au Maroc de bénéficier d'une liaison routière fonctionnelle transversale via Dakar (axes Dakar Ndjamena et Ndjamena-Djibouti…) (Mareï et Ninot, 2018)

Comme les infrastructures de transports, les infrastructures numériques ont un rôle transverse dans le développement d'un territoire. Elles sont un élément de la compétitivité économique. Nous essaierons dans les parties suivantes de ce travail d'analyser comment les infrastructures numériques ont été un facteur accélérateur du développement économique du Maroc, et si elles ont permis de faire émerger des acteurs majeurs. Enfin nous essaierons de voir si elles ont

[32] Par macro-régional, nous entendons la zone euro-méditerranéenne et l'arc atlantique.

[33] Le PIDA est une initiative portée par le NEPAD (Nouveau partenariat pour le développement de l'Afrique), la BAD, l'UA et la CEA (Commission économique pour l'Afrique des Nations Unies).

permis de réduire certains déséquilibres internes au Maroc, et si l'on observe, comme dans le domaine logistique, l'émergence de réseaux numériques intégrés à l'échelle régionale qu'est l'arc atlantique.

2. La stratégie de développement économique

Pour comprendre la stratégie du Maroc dans le domaine du numérique, il importe d'avoir quelques éléments sur les fondamentaux économiques du Maroc et de comprendre la stratégie économique mise en place par le Maroc depuis les années 90. Nous avons pour cela étudié des rapports récents publiés par des organismes spécialisés dans l'économie du développement comme la Banque Mondiale, l'OCDE, et la Banque Africaine de Développement (BAD) ainsi que des ouvrages de synthèse, comme « Maroc » de Yousra Abourabi.

En 2019, le Maroc a une population de près de 36 millions d'habitants et un PIB estimé à 122 milliards de dollars soit 328,6 milliards de dollars[34] en parité de pouvoir d'achat ce qui place l'économie marocaine au cinquième rang africain. En termes de revenu par habitant, le Maroc est un pays à revenu intermédiaire avec un revenu par habitant de 2 514 dollars, ce qui le place aussi au cinquième rang africain derrière l'île Maurice, la République sud-africaine, le Rwanda et le Botswana (Abourabi, 2019).

Ces performances économiques solides sont le reflet d'un modèle de développement caractérisé par quatre traits fondamentaux (OCDE, 2017) : le rôle affirmé de l'État, avec de forts investissements publics dans les infrastructures ; une recherche de stabilité qui s'est traduite par un soutien à la demande intérieure ; le choix de l'ouverture économique (signature d'accords de libre-échange avec 55 pays et accords préférentiels avec 22 autres, promotion des exportations et des Investissements Directs Étrangers) ; une politique sociale alliant des programmes de logements sociaux et des programmes sur des populations ciblées.

Ces politiques sont inspirées par la notion d'émergence[35], devenue une priorité nationale dès le début du règne de Mohammed VI. La

---

[34] Données FMI

[35] « L'émergence caractérise le processus par lequel un État s'intègre à l'économie globalisée et au capitalisme mondial grâce à une croissance économique (c'est-à-dire une augmentation du produit intérieur brut) forte pendant plusieurs années. Le terme est issu du vocabulaire financier et des agences de notations ; il sert à l'origine à désigner des marchés : un marché émergent est alors un marché attractif pour les

volonté d'émerger sur le plan économique est en quelque sorte le pendant de la politique étrangère du Maroc, qui consiste à le faire émerger comme puissance régionale africaine. La notion d'émergence marocaine ne se limite pas aux seuls critères économiques, elle englobe aussi les notions de progrès social, d'évolution démocratique et institutionnelle et d'ouverture régionale et internationale (Abourabi, 2019).

Cette politique d'émergence a pris la forme de programmes de mise à niveau du tissu industriel en 1998, suivi par un plan Émergence en 2005 qui a été prolongé par un Pacte National pour l'Émergence Industrielle (PNEI) de 2009 à 2015, lui-même suivi par le Plan d'Accélération Industrielle (2014-2020). Ces plans se sont concentrés sur les secteurs de l'*offshoring*, de l'automobile, de l'aéronautique, de l'électronique, du textile, de l'agro-alimentaire et de l'industrie chimique et pharmaceutique (OCDE, 2017). Pour chaque secteur, des politiques de soutien spécifiques ont été mises en œuvre, articulées autour des piliers suivants : l'offre d'infrastructures pour accueillir les sites de production, des incitations fiscales, des dispositifs de formation de main d'œuvre et des actions de promotion commerciale pour attirer les IDE.

Dans ce modèle exportateur, il faut cependant noter la prédominance de l'Europe, qui absorbe toujours 67% des exportations du pays (BAD, 2018). Malgré la diplomatie économique active menée par le souverain, l'Afrique subsaharienne ne représente encore que 6% des exportations du pays et 1% de ses importations.

En termes d'intensité relative des échanges[36], pour ce qui est des exportations, on remarque le poids de 9 pays d'Afrique subsaharienne situés sur l'arc atlantique (Guinée, Sénégal, Guinée Équatoriale, Côte d'Ivoire, Togo, Angola, Mauritanie) et 6 pays méditerranéens : la Tunisie, l'Algérie, le Liban, l'Égypte et la Turquie. Pour ce qui est des

---

investisseurs (…). Le terme présente plusieurs limites. D'abord l'émergence désigne un processus mais aucun critère n'a été défini pour caractériser son achèvement (...). L'usage du mot, en insistant sur l'intégration financière du pays, néglige les aspects sociaux et surtout environnementaux. Par ailleurs, il peut donner l'impression de se satisfaire de l'absence de démocratie et de participation citoyenne dans les bouleversements sociétaux que l'émergence entraîne. » définition du site http://geoconfluences.ens-lyon.fr/glossaire/emergence

[36] Il s'agit d'un ratio. Quand il est supérieur à 1, il signifie que deux pays échangent davantage que selon leur poids dans le commerce de la zone. À l'inverse, une intensité relative inférieure à 1 signifie que les deux pays échangent moins que ce qu'ils pèsent dans le commerce de la zone.

importations, on remarque une intensité particulière avec sept pays européens (Espagne, Portugal, France, Roumanie, Italie, Grèce, Suède), quatre pays méditerranéens (Égypte, Algérie, Tunisie et Turquie) et trois pays subsahariens (Sénégal, Malawi et Cameroun).

Les données de la BAD ne permettent malheureusement pas de faire ressortir des tendances pour ce qui est des produits et services relevant du numérique. Elles font apparaître l'importance, en termes d'exportation vers l'Afrique subsaharienne, des produits pétroliers, des produits agro-alimentaires, des engrais et des équipements électriques. Pour ce qui est des pays méditerranéens, c'est l'importance des matériels de transport qui ressort.

Grâce à cette politique, le Maroc a pu devenir la deuxième destination des IDE en Afrique après l'Afrique du Sud (Abourabi, 2019) et la quatrième dans la région MENA après l'Arabie Saoudite, l'Égypte et l'Irak (Borga et Kothe, 2018). Les principaux investisseurs sur la période 2010-2018 sont la France, suivie par les Émirats Arabes Unis, l'Espagne, les États-Unis et le Royaume-Uni. Nous verrons au chapitre 3 la part de ces investissements destinée au numérique, et tenterons d'y étudier les IDE réalisés par le Maroc dans ce secteur. Le Maroc est devenu le deuxième investisseur africain sur le continent après l'Afrique du Sud, où il réalise 85% de ses IDE, principalement dans le domaine bancaire (53%) et celui des télécommunications (34%)(BAD, 2018).

Le Maroc dans sa stratégie économique ne souhaite pas seulement se positionner comme un partenaire commercial et un acteur économique mais comme un véritable *hub* (BAD, 2018). Pour la BAD, les prérequis pour devenir un *hub* sont l'accompagnement politique et institutionnel, l'existence d'entreprise publiques et privées d'envergure pouvant entrainer les PME, la mise en place de structures logistiques, l'existence d'agences d'accompagnement et d'un cadre règlementaire propice aux échanges.

La volonté de faire du Maroc un *hub* numérique s'inscrit donc dans une stratégie plus large. Cette stratégie semble avoir été couronnée de succès dans le secteur bancaire et financier, voire dans le secteur des télécoms (qui fait partie du numérique), où le Maroc a su faire émerger des leaders régionaux qui se déploient en Afrique via le *hub* de Casablanca. Casablanca Finance City est ainsi devenu une place financière de première importance en Afrique. Elle est au 33e rang mondial et devance désormais Johannesburg. Nous verrons dans les chapitres suivants quel a été le résultat de cette stratégie dans le domaine numérique.

3. Les limites d'une stratégie exportatrice

Si les différentes réformes et les différents plans industriels mis en œuvre ont permis au Maroc d' « émerger » comme une destination majeure des IDE en Afrique (avec des implantations comme Renault, Bombardier, GDF Suez, Alstom ou Dell) et de faire éclore des champions nationaux comme Maroc Telecom, Attijariwafa Bank ou la Banque Centrale Populaire qui réalisent à leur tour d'importants investissements en Afrique, le modèle marocain connaît cependant des limites.

La croissance marocaine qui était de 4,7% dans les années 2000 n'est plus en moyenne que de 4% dans les années 2010, en raison du manque de dynamisme de la croissance européenne et du ralentissement de la demande intérieure (OCDE, 2017). Cette moyenne place le Maroc dans la moyenne basse des pays à revenu intermédiaire et ne permet pas à l'économie marocaine de converger sur le long terme avec les pays de l'OCDE.

Cette croissance est en outre majoritairement « tirée » par les investissements. Le taux d'investissement, de l'ordre de 34% depuis le milieu des années 2000, est largement supérieur à celui de pays à revenu intermédiaire comme les Philippines, la Colombie ou la Turquie qui ont des taux de croissance plus robustes (Banque Mondiale, 2019). Or, un tel modèle de croissance n'est pas soutenable sur le long terme, car il mettrait en péril les équilibres macro-économiques du pays. La dette du trésor marocain était ainsi de 65,1% du PIB en 2017[37], ce qui est bien supérieur à la moyenne des pays africains. Dans son examen multidimensionnel de 2017, l'OCDE note également que le taux de chômage demeure élevé, que les gains de productivité sont faibles, l'industrialisation[38] lente et la balance commerciale marocaine structurellement déficitaire (OCDE, 2017). Ces estimations semblent toujours d'actualité.

Ce rapport de l'OCDE identifie trois freins principaux au développement du pays : i) les blocages à l'émergence de secteurs compétitifs capables de tirer l'économie marocaine à long terme, ii) les failles du système de formation des compétences, et iii) un besoin de mise en cohérence des politiques publiques. Le rapport évoque en

---

[37] Données World Economic Outlook du FMI.

[38] L'industrialisation désigne le processus de transformation de la structure de production qui conduit à l'augmentation générale des revenus et transforme les solidarités qui ont cours dans une société (Lectard et Piveteau, 2020).

outre que si le Maroc est bien intégré dans les Chaînes de Valeur Mondiales (CVM), les dynamiques de montée en gamme et de diversification demeurent faibles.

Dans leur article « Sortir de l'impasse exportatrice : les enseignements de l'analyse du profil des exportations marocaines », Alain Piveteau et Pauline Lectard expliquent comment, malgré une évolution de la structure des exportations vers des produits de plus haute technologie comme l'automobile (devenue en 2014 la principale industrie exportatrice, devant celle du phosphate), l'aéronautique ou l'électronique, une analyse fine de la répartition de la valeur ajoutée manufacturière démontre un certain immobilisme de la structure industrielle marocaine. Malgré leur dynamisme, leur taille et leur contribution à la valeur ajoutée manufacturière, ils ne permettent pas de changer la structure productive du Maroc.

Le faible niveau d'innovation et la structure du tissu productif dominé par quelques grands groupes, avec des PME peu compétitives, ne facilitent pas la montée en gamme vers des productions à plus forte valeur ajoutée. Ainsi les investissements et la promotion de l'innovation restent-ils faibles : les montants investis en R&D représentent moins de 1% du PIB, le Crédit Impôt Recherche est inexistant, et la part des investissements privés dans l'effort de R&D ne représente que 22%, contre 40% au Brésil ou en Turquie (OCDE, 2017).

La croissance économique est corrélée au niveau de diversification d'une économie, mais également au niveau de sophistication des biens produits. Le Maroc s'intègre pour l'instant en aval des Chaînes de Valeur Mondiales en se spécialisant dans des activités d'assemblage et de construction. Les intrants où réside la valeur ajoutée sont, quant à eux, importés de France, d'Espagne ou des États-Unis (Lectard et Piveteau, 2020).

Dans son rapport de 2018, la Banque Mondiale, souligne que la domination du secteur privé par quelques entreprises nationales et les politiques qui ont favorisé les IDE ont créé une distorsion qui nuit au développement des PME et des *start-ups*, les principaux créateurs d'emploi dans les économies « libérales ». Malgré la force de son secteur financier, l'écosystème entrepreneurial marocain demeure embryonnaire et l'accès au financement difficile. Enfin, malgré une avance relative dans le développement du secteur des télécommunications, le Maroc souffre d'un certain retard dans le développement du haut débit fixe par fibre optique, condition *sine qua non* du développement d'un secteur numérique.

Le numérique n'est pas une catégorie qui existe en comptabilité nationale. Les activités numériques relèvent à la fois des services de télécommunication, des services aux entreprises et de la fabrication d'équipement électronique. Il ne nous sera donc pas possible, dans ce travail, d'avoir une analyse quantitative de la valeur ajoutée du secteur et de sa contribution à la valeur ajoutée nationale. Il sera également difficile de quantifier la part du numérique dans les exportations et les IDE entrants et sortants. Nous nous attacherons cependant, dans les chapitres suivants, à effectuer une analyse qualitative et à comparer, quand cela est possible, les dynamiques en cours dans le secteur du numérique avec celles observées dans des secteurs comme l'aéronautique ou l'automobile. De même, nous essaierons de voir si les freins au développement de la valeur ajoutée industrielle sont également à l'œuvre dans le secteur du numérique (Banque Mondiale, 2019).

III. Travaux sur le numérique au Maroc

Il n'existe pas à notre connaissance de travaux sur la stratégie du Maroc en matière numérique. Les travaux de recherche sur le numérique sont d'ailleurs rares. Nous avons cependant identifié deux domaines dans lesquels des recherches ont été menées ; le numérique a été étudié comme facteur de développement économique en Afrique et a fait l'objet d'études de la part de la Banque Mondiale et de cabinets de conseil en stratégie comme McKinsey. Le numérique au Maroc est également un objet d'étude en sciences sociales depuis 2011, son rôle comme outil de contestation et d'émancipation ayant commencé à être plus abondamment étudié à partir des « printemps arabes ».

1. 1997-2011 : le numérique au service du développement marocain ?

Le Maroc s'est connecté tardivement à Internet. Alors que la Turquie et la Tunisie établissaient leurs premières connexions en 1986 et 1987 et créaient leur réseau national pour la recherche en 1993, le Maroc ne se connecte qu'en 1995 (Renaud, 2007). La première impulsion au développement du numérique au Maroc a été donnée par le roi Hassan II dans son discours du trône du 3 mars 1997 (Bras, 2007). C'est à partir de cette date que le Maroc a commencé à mobiliser d'importants moyens financiers, institutionnels et humains pour le développement du numérique, qui est identifié comme un facteur de développement économique, susceptible de donner des « dividendes ».

La notion de dividendes numériques a été développée dans une étude de la Banque Mondiale de 2016 (Banque Mondiale, 2016a). Ces dividendes sont la croissance économique, la création d'emplois et l'offre de nouveaux services. Ils sont rendus possibles par les NTIC qui permettent la diffusion de l'innovation, l'amélioration de l'efficience et une plus grande inclusion des populations. Le rapport explique que, pour que ces dividendes numériques apparaissent, l'accès universel au haut débit n'est pas suffisant. Il faut conjointement mettre en place un cadre « analogique » articulé autour de trois piliers : un environnement des affaires favorable, une population formée et des institutions qui mettent le numérique au service des citoyens.

L'étude publiée par le Cabinet McKinsey en novembre 2013 (McKinsey, 2013), dresse un tableau relativement élogieux de l'adoption du numérique au Maroc. Cette étude introduit le concept d'iGDP qui mesure la contribution d'internet au PIB en pourcentage et l'indice i5F dont le but est de mesurer les fondamentaux nécessaires au développement du numérique : existence d'une stratégie en termes de TIC, existence d'infrastructures, d'un cadre règlementaire favorable aux affaires, d'un capital financier et d'un capital humain.

Pour McKinsey, le Maroc est dans le peloton de tête africain pour ce qui est de l'iGDP avec 2,3%, seulement devancé par le Kenya (2,9%) et le Sénégal (3,3%), avec une moyenne africaine à 1,1%. Le Maroc serait donc relativement proche des pays développés (plus de 3% en moyenne). Ce chiffre serait cependant dû au solde commercial très positif des activités de *Business Process Outsourcing*[39] ou BPO que nous analyserons dans le chapitre 2. Un tel phénomène est également observé en Afrique du Sud. Pour ce qui est de l'i5F, le Maroc serait deuxième derrière l'Afrique du Sud avec un score de 49%, ce qui placerait le Maroc dans la même catégorie que les pays émergents (score moyen de 50%) alors que les 14 pays africains étudiés dans l'étude ont un i5F moyen de 37%.

En croisant ces deux dimensions, McKinsey classe le Maroc comme l'Afrique du Sud dans la catégorie des *followers* (suiveurs) des pays *leaders* que seraient le Sénégal et le Kenya (voir figure 1). Pour le

[39] Externalisation de processus métier comme la comptabilité, le recouvrement

cabinet, ces deux pays ont la possibilité de devenir de futurs *leaders* à condition qu'ils renforcent leurs infrastructures numériques, développent leur capital humain et affinent leurs stratégies numériques. À notre connaissance, McKinsey n'a pas proposé au grand public une version actualisée de ce rapport. Dans notre travail nous essaierons d'évaluer si le Maroc a en 2020 rejoint le peloton des *leaders*.

Figure 1 : Les 4 clusters de l'Afrique numérique

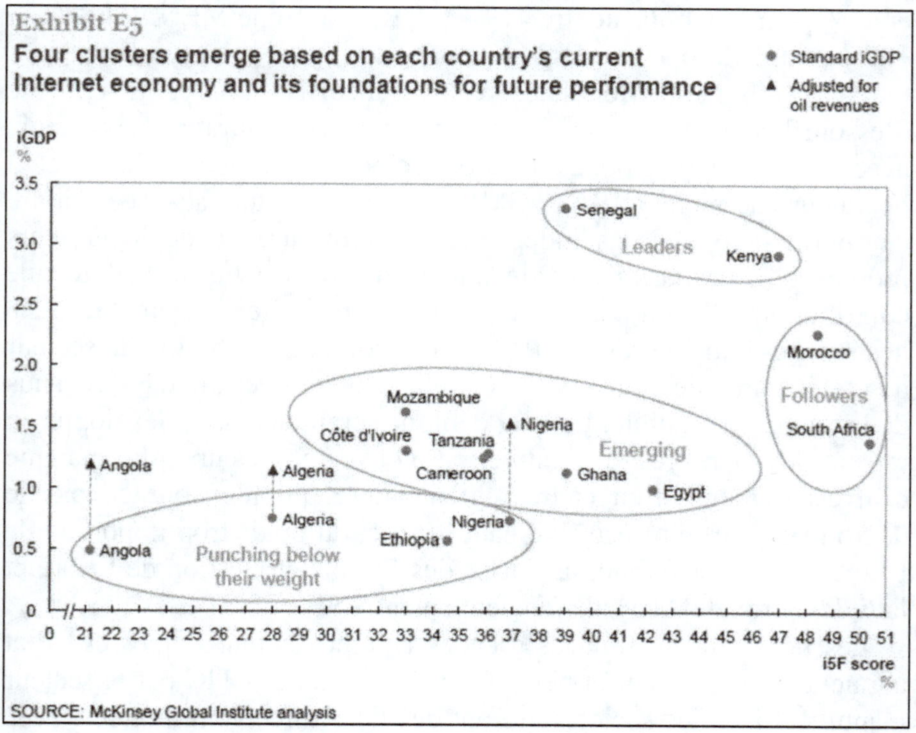

Source : McKinsey Global Institute 2013

Le tableau dressé par McKinsey en 2013 apparaît comme extrêmement positif par rapport à celui plus nuancé de la Banque Mondiale dans sa note au MICIEN[40] de novembre 2016 (Banque Mondiale, 2016b) . Il est vrai que le maître-étalon utilisé n'est pas identique : McKinsey compare le Maroc à l'ensemble africain alors que la Banque Mondiale compare le Maroc aux pays de la zone

[40] Ministère de l'Industrie, du Commerce, de l'Investissement et de l'Économie Numérique au Maroc

MENA[41], qui en géographie humaine se limite au Maghreb et au Machrek[42].

Dans cette note, si la Banque Mondiale salue les réformes entreprises entre 1998 et 2004 par le gouvernement avec son appui, elle constate un certain essoufflement depuis la deuxième moitié des années 2000. Alors qu'en 2006, le Maroc est un *leader* régional, en 2015, il enregistre un retard par rapport à la moyenne des pays de la zone MENA : la pénétration du haut débit y est de 17,5% pour le fixe et 41% pour le mobile contre 41% et 85% de la zone MENA et 50% et 100% pour l'Europe de l'Est.

Pour la Banque Mondiale, la croissance des TIC serait en voie d'essoufflement, en raison d'une trop grande concentration des acteurs avec 3 opérateurs globaux (Maroc Telecom, Orange et Inwi) et 3 opérateurs de niche (VSAT, GMPCS et 3RP) et une absence notoire de fournisseurs d'accès indépendants en mesure de déployer leurs propres infrastructures et d'opérateurs d'infrastructures. Malgré une contribution à l'économie en apparence importante (3% du PIB, 12% des recettes budgétaires), et 1% de l'emploi, la contribution du secteur des télécommunications est essentiellement « tirée » par les revenus de la téléphonie mobile. Le haut débit ne serait pas assez développé en raison des barrières à l'entrée de nouveaux acteurs, du manque d'investissement, d'un cadre règlementaire qui n'encourage pas le dégroupage sur le réseau fixe haut débit et du poids trop important de l'État - le Trésor Public, la Caisse des Dépôts et Gestion de l'État, et la *holding* royale Al Mada (anciennement SNI).

Les liens qui unissent les grandes entreprises marocaines et l'État auraient en outre un effet négatif sur l'adoption des TIC par le secteur manufacturier. Les sociétés qui ont des liens directs ou indirects avec le pouvoir outre des parts du marché national plus importantes et des profits plus élevés, ont un taux d'adoption des nouvelles technologies plus important. Cela semblerait décourager les autres entreprises d'investir dans les nouvelles technologies et la R&D, et serait à la source d'un niveau agrégé d'adoption des nouvelles technologies plus faible (Banque Mondiale, 2016).

La situation ne semble pas s'être améliorée dans la seconde moitié des années 2010. Le rapport « Créer des marchés au Maroc », publié

---

[41] Middle East North Africa

[42] Pris dans son acceptation large : Égypte, Palestine, Liban, Syrie, Irak ainsi que les pays de la péninsule arabique

par la Banque Mondiale en 2018, mentionné précédemment, insiste ainsi sur la nécessité d'améliorer le haut débit fixe pour accroître la productivité et progresser dans les chaînes de valeur mondiale et mentionne une fracture numérique importante entre les principaux centres urbains et le reste du pays. Le rapport stigmatise également les retards dans le paiement mobile, malgré la nouvelle loi bancaire, ainsi qu'un développement des paiements électroniques entravé par la préférence pour le paiement en espèces.

L'internet haut débit est le fondement du développement du numérique : le Maroc avait pris une avance importante qui a culminé à la fin des années 2000 et qu'il a perdue par la suite. Dans la suite de cette étude, nous nous attacherons notamment à voir comment le positionnement du Maroc a évolué depuis la deuxième moitié des années 2010. Cette décennie a été importante pour le Maroc et l'Afrique du Nord, car elle a révélé l'importance sociale du numérique comme outil d'émancipation et de contestation.

2. 2011 : le numérique, également outil d'émancipation et de contestation

D'abord considéré par le pouvoir marocain comme un outil au service du développement du pays, le numérique s'est également avéré porteur de ruptures sociales, qui ont parfois pris Rabat de court. Les exemples sont foison : (i) utilisation de média sociaux[43] comme Facebook pour organiser, le 20 février 2011 (#M20F), des manifestations à travers le pays dans le contexte des « printemps arabes », puis pour boycotter les marques Danone, Sidi Ali et Afriquaia, accusées de position monopolistique ; (ii) *posts* de *youtubers* comme Mohammed Sekkaki ou le rappeur Gnawi, dont certains ont été vus plus de 15 millions de fois pour critiquer le roi dans un contexte de sécheresse ; (iii) affaire *Hamza mon bébé* où un

[43] Nous reprendrons la définition de Sandrine Carneroli pour qui les médias sociaux sont des sites qui permettent l'échange entre plusieurs personnes, qu'elles se connaissent ou pas, dans le but de communiquer et d'échanger tout type d'information : messages, textes, photos, vidéo. On décompte 7 types de médias sociaux : (i) les réseaux sociaux personnels ou professionnels (Facebook, LinkedIn…), (ii) les sites de publication et de partage (Wikipédia…), (iii) les espaces de discussion (Skype, WhatsApp…), (iv) les zones de diffusion audio ou vidéo (YouTube…), (v) les sites de microblogging, (vi) les sites de jeu et (vii) les mondes virtuels (second life…)

compte Snapchat est utilisé pour publier des clichés intimes ou des conversations privées de stars marocaines (iv) utilisation des réseaux sociaux pour relayer les manifestations du Rif dénonçant la corruption, la répression et le chômage.

Le pouvoir marocain a su s'adapter à certaines de ses ruptures, nous le verrons avec l'étude du mouvement #M20F. Mais il a également été pris de court et a réagi par la répression, avec dans le cas des *youtubers,* des peines allant de 1 à 4 ans de prison. Il en a été de même pour les médias audiovisuels traditionnels ou la presse écrite, qui sont contrôlés par les partis politiques (le multipartisme existe depuis l'indépendance du Maroc et est inscrit dans l'article 3 de la constitution de 1962) (Hida, 2011). Le SNPM (Syndicat National de la Presse marocaine) qualifiait ainsi en 2010 les blogs de « poubelles de presse » (Khadija, 2019).

Si le cyber-activisme marocain a pris de l'ampleur à partir de 2011 et les « printemps arabes », les premiers actes de cyber-activisme sont antérieurs à cela : leur naissance remonterait aux années 2006/2007.

En 2006, des *hackers*[44] marocains piratent et endommagent des sites pour défendre la cause palestinienne et s'opposer à la guerre en Irak. En 2007, la cause défendue est de nature domestique : le 28 juillet, un *web sniper* anonyme filme sur YouTube un automobiliste marocain soudoyant deux policiers. Cette vidéo sera vue plus de 500 000 fois sur YouTube (Malika Abentak et Noufissa Machkouri, 2019). On note également, en septembre 2009, la création sur Facebook du mouvement MALI (Mouvement Alternatif des Libertés Individuelles) dont le but est d'organiser des ruptures de jeûne en mi-journée pendant le Ramadan.

Parallèlement au développement du cyber-activisme on observe également une appropriation du numérique par tous les acteurs sociaux. À la veille des printemps arabes ceux-ci ont tous des pages web, voire des pages Facebook, qui serviront à des fins de propagande ou d'organisation de mobilisations collectives (Hida, 2011). De même sur les 34 partis politiques que compte le Maroc, 17 de leurs sites web ont des liens avec des pages Facebook (Cotton et Abil, 2019).

Le numérique et les réseaux sociaux joueront le rôle d'amplificateur dans un Maroc qui, au début de l'année 2011, est déjà

---

[44] Selon le Larousse, personne qui, par jeu, goût du défi ou souci de notoriété, cherche à contourner les protections d'un logiciel, à s'introduire frauduleusement dans un système ou un réseau informatique

considéré comme à l'avant-garde de la protestation sociale dans les pays arabes.

Même si les demandes sociales ont rapidement été étouffées par la répression ou quelques concessions, celles-ci sont apparues dès les années 1970/80. Dans les années 1990 la protestation sociale s'est focalisée sur des sujets de politique internationale : protestation contre l'envoi de troupes pour participer à la coalition menée par les États-Unis durant la première guerre du Golfe, manifestations au nom de la solidarité arabe pour la Palestine en 2000 et 2002, Irak en 2003 (Vairel, 2014). Les problématiques de l'injustice ont pendant un temps été reléguées au rang de question marginale par rapport aux performances économiques, avant de revenir à l'ordre du jour dans les années 2000 du fait de Mohammed VI, car les droits sociaux marocains avaient été fragilisés par le programme d'ajustement structurel de 1983, puis par l'intégration à des zones de libre-échange – Union européenne en 1996 et États-Unis en 2003 (Catusse, 2013).

Le 20 février 2011 est lancé sur Facebook un appel à manifestation pour réclamer des réformes sociales et politiques profondes. Il donne lieu à des manifestations dans 53 villes qui réuniront plus de 120 000 personnes. Le mouvement s'achève par l'élection législative anticipée de novembre 2011 et la victoire du parti islamiste PJD, qui sera appelé par le roi à former un gouvernement (Vairel, 2014).

Le mouvement #M20F a rassemblé des jeunes urbains éduqués appartenant aux classes moyennes. Si nombre de ces personnes étaient des « primo-engagés », beaucoup étaient passées par des partis politiques comme PADS, la Voie Démocratique, l'USFP ou des associations comme Le Mur ou l'AMDG. De même, les leaders du mouvement étaient issus de deux collectifs de la gauche marocaine : le mouvement altermondialiste Attac Maroc né dans les années 2000 et le mouvement MALI (Vairel, 2014). La différence d'un mouvement comme le #M20F avec les mouvements des décennies précédentes est qu'il prend naissance sur l'espace virtuel qu'est internet avant de se propager dans l'espace public.

Malgré la caisse de résonance[45] fournie par internet et les réseaux sociaux, le mouvement #M20F au Maroc ne prendra pas l'ampleur des autres soulèvements régionaux et s'essoufflera dès l'été 2011. En

---

[45] 56% des Marocains utilisent alors l'internet et 48% des internautes utilisent les médias sociaux. Facebook compte à lui seul plus de 7 millions d'utilisateurs marocains.

effet, il n'y a pas eu dans ces manifestations d'identification d'une cible unique, comme l'était le Président Ben Ali en Tunisie : la personne du roi et le système monarchique n'étaient pas remis en question. Une autre raison est la réforme constitutionnelle annoncée par le roi dès le 9 mars 2011 (Catusse, 2013) : l'intégration dans cette réforme de propositions émanant de la société civile, notamment grâce à l'utilisation du numérique, a également joué un rôle. Ainsi, la plateforme numérique *reforme.ma*, mise en place par Tarik Nesh-Nash a permis de formaliser des propositions, dont 40% auraient été reprises (Rhanem, 2018).

Cette dynamique s'est poursuivie par la suite : en 2013, des campagnes menées sur les médias sociaux ont conduit à l'abandon du projet de code numérique, qui faisait craindre un contrôle accru sur la liberté d'expression et l'anonymat. Des campagnes contre le mariage forcé ont abouti à l'abrogation en 2014 du deuxième alinéa de l'article 475 du Code pénal, qui permettait à un violeur de ne plus être poursuivi s'il se mariait avec sa victime (Rhanem, 2018).

Dans un contexte général d'encouragement et d'intensification des flux d'Investissements Directs Étrangers (IDE) et des flux d'informations provoqués par l'ouverture économique et culturelle du Maroc, et l'appartenance à des zones de libre-échange, les technologies numériques ont facilité l'émergence et permis la diffusion de nouveaux courants dans la société marocaine comme l'altermondialisme, les mouvements pour le droit, les mouvements régionaux comme le mouvement amazigh.

Malgré le tabou des attaques contre la personne du roi (les rappeurs Mohammed Sekkaki et Gnawi ont été condamnés à des peines allant d'une à quatre années de prison) et la tentation toujours présente d'un contrôle plus fort d'internet et des réseaux sociaux, ceux-ci sont devenus un outil alternatif important, avec une réelle capacité d'influence sur les politiques. Les médias sociaux sont ainsi devenus des outils efficaces pour promouvoir la justice sociale, la citoyenneté et les valeurs des droits de l'homme (Malika Abentak et Noufissa Machkouri, 2019).

CHAPITRE 2

Articulation de la stratégie numérique avec la stratégie de développement industriel

Les travaux mentionnés dans le chapitre précédent montrent comment l'État marocain a rapidement saisi l'importance du numérique comme facteur de développement et pendant un temps été à l'avant-garde des pays africains dans la mise en place d'infrastructures de communication haut débit qui sont le socle sur lequel peut se développer le secteur du numérique. De même, d'autres travaux montrent comment la population marocaine s'est approprié internet et les médias sociaux comme outils d'émancipation et de contestation à partir des années 2010.

L'économie du numérique est, pour une grande part, une économie de services qui irrigue ou sera amenée à irriguer d'autres secteurs économiques, comme le secteur industriel dans le cadre de ce que l'on appelle désormais l'industrie 4.0.

Dans ce chapitre, nous nous attacherons à étudier comment s'articule la stratégie numérique du Maroc avec la stratégie industrielle de l'État marocain. Pour cela, il convient d'appréhender le poids du secteur numérique dans l'économie marocaine, d'identifier les objectifs de la stratégie numérique marocaine et d'en faire le bilan.

I. La place du numérique dans l'économie marocaine

Afin de saisir quelle place le secteur du numérique occupe dans l'économie marocaine, nous nous attacherons à comprendre d'abord les fondements de la stratégie industrielle du Maroc, pour ensuite tenter de saisir comment le secteur marocain du numérique est structuré et quelle place il occupe dans l'économie nationale.

1. Les fondements de la stratégie industrielle du Maroc

La stratégie industrielle marocaine a connu plusieurs évolutions depuis les années 60. Les années 1960 à 1980 se caractérisent par des stratégies de substitution aux importations, qui ont montré leurs limites dès la fin des années 70 : le tissu industriel se caractérise par des distorsions importantes dues au protectionnisme, à l'institution de monopoles et à la faiblesse des effets d'entrainement en termes de création d'emploi. Entre 1980 et 2005, le Maroc essaie de remédier à ces faiblesses en mettant en place une politique centrée sur la promotion des exportations dans des secteurs à forte intensité de main d'œuvre comme l'industrie du textile et du cuir (El Mokri, 2016).

Les années 2000 et l'arrivée du nouveau souverain se caractérisent par une modification du rôle de l'État et un changement de politique industrielle. Ces changements se traduisent par une modification des méthodes : la planification quinquennale est abandonnée en 2002 au profit de contrats de programme et l'État met en place dans la première partie des années 2000 des mesures visant à assurer la promotion de l'investissement en pratiquant notamment des exonérations fiscales ciblées.

À partir de 2005, la politique de développement économique marocaine s'articule autour d'une vision sectorielle : il s'agit de promouvoir des secteurs industriels spécifiques. Se sont ainsi succédé trois plans spécifiques : le Plan Émergence entre 2005 et 2009, le Plan National d'Émergence Industrielle (PNEI) entre 2009 et 2015 et le Plan d'Accélération Industrielle (PAI), initié en 2014, et qui doit s'achever en 2020.

Ces plans se caractérisent par un double ciblage (CESE, 2017) : ciblage des acteurs et ciblage des secteurs. Cette stratégie de ciblage poursuit trois objectifs principaux : la contribution à la création de richesse qui se mesure par la part prise dans le PIB (i), l'importance de l'exportation vue comme un outil de réduction du déficit commercial et d'amélioration de la balance des paiements (ii), et la création d'emplois (iii).

Le plan Émergence avait pour objectif d'accélérer le processus de mise à niveau du tissu industriel et d'améliorer sa compétitivité. Il s'agissait de développer 8 secteurs - *l'offshoring,* l'automobile, l'aéronautique, l'électronique, l'agro-alimentaire, les produits de la mer, le textile et l'artisanat – par un programme transversal, visant la modernisation du tissu industriel existant grâce à une assistance technique et managériale, un accès au financement et la création d'un environnement favorable aux PME.

Les secteurs ciblés, même les plus *high-tech*, n'ont pourtant pas été développés *ex nihilo*. La naissance du secteur automobile remonte à 1959 quand dans le cadre des prémices d'une politique de substitution aux exportations le jeune État marocain créait la Socoma avec le soutien de l'Italien FIAT et du français Renault. Le secteur de l'électronique a été créé à l'initiative de multinationales comme le franco-italien ST qui s'est implanté au Maroc dès 1979[46] pour y fabriquer des composants RF (radio fréquences) avant d'y construire dès le début des années 90 un site dédié au *back-end*[47]. Le développement du secteur aéronautique a quant à lui pour origine la décision du français Snecma en 1996 de lancer avec la Royal Air Maroc (RAM) une société de services spécialisée dans la maintenance et la réparation de moteurs. Il s'agissait là d'un pari sur les coûts réduits et la proximité géographique du Maroc. Ce premier projet débouchera en 2001 sur la création de la société Matis Aerospace, spécialisée dans le câblage électrique aéronautique, à laquelle s'associeront Boeing et Labinal (Valladao, 2020).

Au plan Émergence succède le Plan National d'Émergence Industrielle ou PNEI, couvrant la période 2010-2015. Il se focalise sur 6 secteurs prioritaires appelés « Métiers Mondiaux du Maroc » (MMM), les mêmes que ceux du plan précédent, à l'exception de l'artisanat et des produits de la mer, qui font l'objet de plans distincts. Le PNEI comprend 4 chantiers transverses qui reprennent, sous d'autres appellations, les chantiers précédents. La nouveauté réside dans l'apparition d'un chantier formation. L'objectif du PNEI 2015 est de créer 220 000 emplois industriels additionnels et d'augmenter le PIB de 50 milliards de dirhams, ce qui représenterait un incrément de près de 6% entre 2010 et 2015. Le PNEI n'atteindra que partiellement ses objectifs : seuls 75 000 emplois seront créés (CESE, 2017).

C'est pour combler ces insuffisances que le PAI est lancé dès 2014. Celui-ci s'étend jusqu'en 2020 et s'appuie sur une nouvelle approche, fondée sur le développement d'écosystèmes, visant à une meilleure intégration aux Chaines de Valeur Mondiales (CVM) des entreprises des MMM, en essayant de consolider les relations entre les grandes

---

[46] https://sec.report/Document/0000947871-01-000185/

[47] Activité qui consiste à mettre les puces fabriquées dans les opérations de *front end* dans des boîtiers connectés et à les tester.

entreprises et les PME. Ce plan doit être financé par la mise en place d'un Fonds d'Investissement Industriel public (FDI), doté d'une enveloppe de 20 milliards de dirhams[48] (environ 2 milliards d'euros) pour l'ensemble de la période. Les objectifs du PAI sont doubles : créer 500 000 emplois industriels sur la période et accroître la part de l'industrie dans le PIB de 14 à 23%. Les objectifs de ce plan semblaient en passe d'être atteints en 2019 (voir tableau 1). La Covid 19 devrait cependant peser lourdement sur les résultats finaux du plan étant donné l'importance de l'automobile dans la création d'emplois.

Tableau 1 : Répartition des créations d'emplois industriels de 2014 à 2018

PLAN D'ACCÉLÉRATION INDUSTRIELLE 2014-2020 – BILAN À FIN 2018 :
RÉPARTITION PAR SECTEURS ET PAR ANNÉES DES CRÉATIONS D'EMPLOIS INDUSTRIELS

	2014	2015	2016	2017	2018	Total sectoriel
Automobile	9 607	10 252	23 939	39 650	33 163	116 611
Textile	16 962	11 984	13 417	20 004	16 933	79 300
Offshoring	9 527	9 116	16 237	18 693	16 359	69 932
Agroalimentaire	12 858	14 260	9 998	12 368	13 714	63 198
Métallurgie-Mécanique	3 991	3 322	5 955	3 036	3 472	19 776
Matériaux de construction	3 576	1 907	2 125	2 000	1 694	11 302
Aéronautique	1 387	877	2 035	2 669	1 668	8 636
Parachimie	1 471	2 073	1 381	1 705	1 389	8 019
Plasturgie	761	856	1 079	1 211	1 562	5 469
Electronique	310	1 057	513	2 289	447	4 616
Cuir	1 061	689	1 085	835	938	4 608
Chimie	953	789	706	919	839	4 206
Electrique	841	501	510	783	995	3 630
Pharmacie	623	392	395	786	556	2 752
Poids lourd	154	661	323	450	79	1 667
Energies Renouvelables	23	3	153	460	95	734
Ferroviaire	80	162	253	96	37	628
Naval	118	61	34	85	114	412
Total annuel	64 303	58 962	80 138	108 039	94 054	405 496

Source : Enquête MIICEN-CNSS

Source : MICIEN-CNSS

L'État marocain, grâce à ces différents plans, a su jouer un rôle d'accélérateur. Les résultats obtenus doivent cependant être relativisés, en raison de la faible valeur ajoutée créée (voir chapitre 1), de la dépendance de l'industrie marocaine à 6 secteurs qui représentent 80% de la croissance (CESE, 2017), et de la très grande concentration de l'industrie dans la région du « grand Casa » qui concentre 40% de l'emploi industriel, 80% de l'investissement et 60% de la valeur ajoutée, même si l'on note l'émergence de Tanger qui

48 http://www.mcinet.gov.ma/fr/content/un-accompagnement-cibl%C3%A9

grâce à l'industrie automobile représente désormais 30% des exportations et 20% de l'emploi industriel (CEA, 2017).

Si le Maroc est désormais un acteur *high-tech*, il semblerait que les succès des industries automobiles, aéronautiques et électroniques tiennent moins du volontarisme marocain que de la volonté des industriels européens, voire nord-américains, de développer ces industries. Dans la suite de ce travail il conviendra d'analyser si l'industrie numérique peut également être « importée » et si dans ce cas elle ne risque pas d'être « *réduite à une politique volontariste d'attraction de chaînons manquants des CVM présentes au Maroc, mais sans parvenir à y adosser le développement de capacités nationales* » (Piveteau, 2018).

Le numérique n'apparaît en outre pas directement dans ces statistiques même si une partie de l'industrie de l'*offshoring* en relève, ainsi qu'une partie de l'industrie électronique.

Nous analyserons les objectifs et le bilan des plans dédiés au numérique dans la suite de ce chapitre. Il convient avant cela, d'essayer de quantifier et qualifier le secteur numérique au Maroc.

2. Un secteur numérique dominé par les télécommunications, l'*offshoring* et la monétique.

Le numérique n'est pas une catégorie de la comptabilité nationale, et n'est pas non plus une catégorie au sens du BIT : l'emploi de ce secteur se rattache en réalité à des secteurs aussi variés que les entreprises mécaniques et électroniques, où le Maroc accueille des entreprises comme STM ou Dell, des services de télécommunication, des services professionnels comme l'*offshoring*, avec ses principaux segments (BPO, ITO et CRM[49]), voire du commerce quand il s'agit de places de marchés entièrement dématérialisées.

Les données sur le numérique ne sont pas disponibles sur les sites étatiques marocains (Ministère des Finances, Ministère de l'Industrie, Haut-Commissariat au Plan) ou encore sur celui de l'Agence de Développement du Digital (ADD). Les données les plus récentes sont celles contenues dans le rapport annuel sur le Maroc du cabinet Oxford Business Group (OBG, 2020).

---

[49] La CRM ou Customer Relationship Management est la gestion de la relation client, l'ITO ou Information Technology Outsourcing est l'Infogérance et le BPO ou Business Process Outsourcing, l'externalisation des processus métiers

Selon ce cabinet, les Nouvelles Technologies de l'Information et des Communications (NTIC) représenteraient en 2019 entre 5 et 6% du PIB marocain, soit 600 à 700 millions de dollars américains, sur un PIB de 119 milliards de dollars (Banque Mondiale, 2018). Les principaux contributeurs au PIB du secteur des NTIC sont le secteur des télécommunications, le secteur de l'*offshoring* et celui de la monétique. Ces chiffres corroborent des données de 2014, fournies par le MICIEN à la Banque Mondiale, selon lesquelles le secteur des TIC représenterait près de 120 000 emplois, dont 80 000 emplois directs et 40 000 emplois indirects. Le secteur des TIC au sens large contribuait déjà à près de 6% du PIB (Banque Mondiale, 2016b)

Le secteur des télécommunications est dominé par trois acteurs : Maroc Telecom, l'ancien ONPT (Office National des Postes et Télécommunications), Orange Maroc[50] et Inwi. Il s'agit d'un secteur stratégique pour l'État marocain : il représente à lui seul 12% des recettes budgétaires, 1% de l'emploi salarié (soit environ 10 000 personnes) et 3% du PIB. L'État a d'ailleurs des participations dans chacun d'eux : il possède encore 20% du capital de Maroc Télécom, bien que la société appartienne désormais au groupe émirati Etisalat, après avoir été une filiale du groupe français Vivendi ; il possède aussi une participation dans Orange Maroc via la CDG[51] et une participation de 69% dans Inwi via la holding royal Al Mada (ancienne SNI)[52].

En 2018, le secteur de l'*offshoring* représentait près de 80 000 emplois, pour un chiffre d'affaires total de 1,1 milliard de dollars (OBG, 2020). Dans le cadre du PAI, l'objectif 2020 est de plus de 100 000 emplois pour un chiffre d'affaires de 1,6 milliard de dollars. Ce secteur comprend lui-même plusieurs segments dont les principaux sont : les Centres de Contacts spécialisés dans la gestion de la relation client, le BPO (*Business Process Outsourcing* qui est l'externalisation de métiers comme la comptabilité, la paie, la facturation) et l'ITO (*Information Technology Outsourcing* qui consiste à externaliser des métiers liés aux technologies de l'information comme le développement d'applications ou la gestion d'infrastructure IT).

---

[50] Orange Maroc était, avant son rachat par France Télécom en 2010, une *joint-venture* entre Telefonica et Portugal Telecom appelée Meditel.

[51] https://corporate.orange.ma/A-propos-d-Orange-Maroc/Gouvernance/Actionnariat/Actionnariat

[52] https://www.digitalbusiness.africa/maroc-sur-demande-de-son-actionnaire-majoritaire-inwi-abandonne-ses-poursuites-judiciaires-contre-maroc-telecom/

Les chiffres mentionnés ci-dessus doivent cependant être nuancés : les activités de centre d'appel et de BPO, qui ne relèvent pas au sens strict du numérique, représentent en effet 80% de l'*offshoring*. Les activités d'*offshoring* à plus forte valeur ajoutée, comme l'ITO ou l'ESO (*Engineering Service Outsourcing*, qui porte sur des activités d'ingénierie et de R&D), sont donc minoritaires. De même, cette activité est essentiellement dirigée vers l'Europe, et en particulier la France avec un poids de 80% (El Filali, 2019).

L'activité d'*offshoring* compte 1 500 opérateurs, dont les leaders internationaux du secteur des opérateurs (Vivendi, Telefonica, Portugal Telecom, Eutelsat, Nortis), des équipementiers (Nokia, Cisco, Ericsson…) et des constructeurs (IBM, HP, Compaq, Bull…), ainsi que des éditeurs de logiciels (Oracle, SAP, Ubisoft). Elle comprend également des *pure players*[53] de l'*offshoring*, comme les français Webhelp ou Teleperformance, et une myriade d'acteurs marocains comme Intelcia qui vendent des prestations de centre d'appel ou de BPO à des clients européens.

Le secteur du *e-commerce* et des paiements en ligne montre également un dynamisme certain. Le CMI (Centre Monétique Interbancaire) dénombrait ainsi en 2019 mille plateformes de *e-commerce*, dont 500 auraient été créées dans l'année même. Selon le classement international 2018 de la Conférence des Nations Unies sur le Commerce et le Développement (CNUCED), fondé sur l'indice du commerce électronique, le Maroc serait au cinquième rang africain en matière de *e-commerce* (tableau 2).

Tableau 2 : Classement CNUCED des pays africains en fonction de l'index E-commerce

Table 5. Top 10 African countries in the UNCTAD B2C E-commerce Index, 2018

	Economy	Share of individuals using the Internet (2017 or latest)	Share of individuals with an account (15+, 2017 or latest)	Secure Internet servers (normalized) (2017)	UPU postal reliability score (2017 or latest)	Index value (2017 data)	Index value change (2016-17 data)	World Rank
1	Mauritius	55	90	56	66	66.9	-7.2	55
2	Nigeria	42	40	52	85	54.7	5.5	75
3	South Africa	59	69	83	0	52.9	-1.9	77
4	Tunisia	56	37	51	63	51.7	2.1	79
5	Morocco	62	29	54	59	50.9	NA	81
6	Ghana	39	58	45	53	48.8	7.6	85
7	Kenya	39	82	37	27	46.2	3.7	89
8	Uganda	17	59	31	58	41.5	-3.2	99
9	Botswana	47	51	41	26	41.4	0.1	100
10	Cameroon	23	35	25	78	40.3	3.6	101

Note: All indicators refer to 2017. For sources, see Box 1.

Source : CNUCED 2018

[53] Spécialiste d'un secteur

Une analyse du trafic des 50 principaux sites marocains[54] montre cependant que le *e-commerce* marocain est dominé par des acteurs étrangers : nord-américains avec Amazon, eBay et Shopify, chinois avec Aliexpress. On remarque à la première place (et au neuvième rang total) la présence du champion du *e-commerce* africain Jumia, créé au Nigéria en 2012 par les entrepreneurs français Sacha Poigonnec et Jérémy Hodara. Le premier site de *e-commerce* marocain est le vendeur de voitures Moteur.ma, qui arrive en dernière position et en 47e place au total (voir tableau 3).

Une analyse comparée des 50 principaux sites marocains par rapport aux 50 principaux sites français (Annexe 3) montre en outre une surreprésentation des médias locaux et des médias sociaux, mais une sous-représentation des sites de *e-commerce* (on trouve en France deux sites de *e-commerce* dans le « top 10 »). Cela montre que la population marocaine fait encore un usage limité du numérique.

Tableau 3 : Origine des sites de e-commerce actifs au Maroc

Rang sur 50 Premiers Sites marocains	Nom	Origine
9	Jumia.ma	Nigeria
15	Amazon.com	USA
17	Aliexpress.com	Chine
23	Ebay.com	USA
27	Myshopify.com	Canada
33	Avito.ma	Russie
47	Moteur.ma	Maroc

Source : www.alexa.com au 18/06/20, mise en forme Bertrand Le Gorgeu

Le segment du numérique, dans lequel le Maroc a pu faire émerger des champions africains, est celui des solutions de la monétique. Le Maroc compte ainsi trois « champions » cotés à la bourse de Casablanca : HPS (près de 60 millions d'euros de chiffre d'affaires pour 500 employés, M2M Group (près de 20 millions d'euros de chiffre d'affaires pour 320 employés) et S2M (près de 30 millions d'euros de chiffre d'affaires pour plus de 200 employés). Ils se déploient en Afrique, comme nous le verrons dans le chapitre 3. L'importance et le dynamisme de ce segment sont sans doute liés à l'importance et au dynamisme du secteur bancaire marocain en Afrique.

[54] https://www.alexa.com/topsites/countries/MA.

Le Maroc semble en revanche relativement peu présent dans l'édition de logiciels. Ainsi, Evolys, le seul éditeur marocain coté à la bourse de Casablanca, a réalisé en 2019 un chiffre d'affaires de 38,1 millions de dirhams, soit environ 3,5 millions d'euros.

Ce secteur numérique marocain, dynamique mais encore en évolution, s'inscrit dans des plans industriels successifs mis en œuvre par le Royaume.

II. Les objectifs de la stratégie numérique à travers les différents plans

Le numérique ne fait pas partie du plan Émergence, et n'apparaîtra que plus tard sous forme de plans spécifiques. On peut distinguer deux périodes : les années 1997 à 2008, où le développement est encouragé mais non planifié, puis, à partir de 2008, la mise en place d'une démarche plus volontariste avec une succession de plans stratégiques.

1. Un développement encouragé mais pas planifié (1997-2008)

Comme mentionné dans le chapitre 1, le « coup d'envoi » du développement du numérique au Maroc est donné lors du discours du trône du roi Hassan II, le 3 mars 1997. Ce discours soulignait le rôle important des nouvelles technologies de l'information, mais aussi leur coût, qui excédait les capacités de financement de l'État. C'est à la suite de ce discours qu'est posée la première brique d'une industrie du numérique, avec le développement des télécommunications.

Le modèle de développement d'abord retenu par le Maroc se fonde sur la régulation. En cela, il se différencie de celui retenu par l'État tunisien à la même époque, fondé lui sur la règlementation. Dans le modèle marocain, l'action de l'État s'inscrit dans une logique libérale, avec une faible production normative : la loi cadre n°24-96 relative à la Poste et aux Télécommunications, promulguée par Dahir le 7 août 1997, amendée en 2001 puis en 2004, constitue l'essentiel du dispositif. Il s'agit d'un modèle qui doit laisser la place au jeu contractuel, et permettre un déploiement institutionnel minimal autour d'une autorité spécialisée, l'Agence Nationale de Régulation des Télécommunications ou ANRT (Bras, 2007).

La loi fixe ainsi un cadre à la libéralisation du secteur et donne un rôle très important à l'ANRT qui a un double rôle de régulation et de règlementation. Elle a ainsi la charge de la direction de la concurrence, du suivi des opérations et de la direction technique. Elle a également une mission de prospective et de détection des nouvelles technologies, via un observatoire des marchés. À ces missions « classiques » pour une agence de régulation s'ajoute cependant une mission de règlementation. Pour ce qui est du déploiement du numérique dans l'administration, le Maroc lance en 2003 un programme d'administration en ligne, confié à un « e-gouvernement », présidé par le ministre des Affaires Économiques et Générales, comprenant des représentants des administrations publiques et du secteur privé. Ce comité a la charge d'identifier et de conduire 32 projets pilotes qui doivent permettre de numériser l'administration.

Le modèle tunisien repose au contraire sur la règlementation. L'État y est le premier acteur de la diffusion d'internet. Il produit pour cela un dispositif législatif et règlementaire qui encadre étroitement les activités des acteurs économiques. Il met également en place un appareil administratif sophistiqué afin de mettre en œuvre la règlementation et contrôler opérateurs et usagers.

Au Maroc comme en Tunisie, les modèles choisis permettront de faire émerger un secteur de l'internet mobile compétitif. En 2008, le marché de l'internet mobile marocain est partagé par trois acteurs - Maroc Telecom, Meditel (alors une *joint-venture* entre Telefonica et Portugal Telecom) et Wana (une forme de *carve-out*[55] d'Orange financée par la *holding* royale SNI). On retrouve le même nombre d'acteurs en Tunisie : Tunisie Telecom (l'ancien PTT), Tunisiana (alors une *joint-venture* entre l'égyptien Orascom et le qatari Q Tel) et Divona Telecom (filiale du groupe monégasque éponyme). Dans les deux pays on constate cependant un faible déploiement de l'internet fixe, lié au monopole de fait de l'opérateur historique.

Le corollaire de ce modèle de développement « libéral[56] » est un espace numérique où règne une certaine forme de liberté d'expression. Ainsi les fournisseurs d'accès internet qui se développent autour des trois opérateurs et les exploitants de cybercafés sont seulement soumis

---

[55] Opération qui consiste à se séparer d'une activité ou d'une filiale jugée non stratégique.

[56] Le qualificatif de libéral est à relativiser, car l'État est actionnaire de chacun des trois opérateurs et le directeur de l'ANRT nommé par le Premier ministre.

à une procédure unique et simple de déclaration préalable auprès de l'ANRT.

Pendant cette période, les pouvoirs marocains se sont dans l'ensemble abstenus de procéder à des filtrages de sites étrangers ou à la fermeture de sites nationaux quand bien même le contenu pouvait être sensible (Sahara occidental, sites islamistes, sites de journaux interdits). À cela l'État a préféré une stratégie de contre-site. La répression, dans son ensemble, a plus visé à préserver les règles de la libre expression qu'à parer à des menaces contre l'ordre public ou les bonnes mœurs (Bras, 2007). La Tunisie de Ben Ali connaissait quant à elle un modèle où la liberté d'expression était très contrôlée par l'Agence Tunisienne de l'Internet (ATI).

Le modèle marocain a cependant conduit à une grande concentration : en 2008, les fournisseurs d'accès internet avaient tous été rachetés par les trois opérateurs globaux, alors qu'en Tunisie en subsistait une demi-douzaine.

Parallèlement au développement des télécommunications, c'est également sans promotion particulière de l'État que commence à se développer durant cette période l'industrie marocaine de l'*offshoring*.

Le nombre de centres d'appel passe ainsi de trois en 2001, pour un chiffre d'affaires de 3 millions d'euros, à cinquante en 2004, pour un chiffre d'affaires de 85 millions d'euros. En 2006, il existe 137 centres d'appels, et le secteur passe en deux ans de 4 400 emplois en 2004 à 14 700 en 2006.

Cette croissance s'explique par trois facteurs. Le premier est la diffusion de la technologie *VoIP*[57] qui permet de baisser considérablement le prix des liaisons téléphoniques internationales. Il rend possible le deuxième, le développement de l'*outsourcing*[58] des fonctions non stratégiques dans les entreprises françaises vers des pays à bas coût. Le troisième est la mise en place par le Maroc d'une infrastructure numérique de qualité et d'un secteur des télécommunications concurrentiel, qui rend la destination Maroc très attractive pour les opérateurs de centres d'appel (ANRT, 2004) (ANRT, 2007) .

---

[57] *Voice over IP* : technologie consistant à numériser la voix et à la transporter sous forme de paquets permettant ainsi d'optimiser la ressource bande passante (capacité nominale du réseau)

[58] externalisation

2. L'ère de la planification stratégique (2008-2020)

Le Maroc met en place, dès 1999, des stratégies et des feuilles de route pour promouvoir l'usage des technologies de l'information, avec l'inscription en 1999 du développement des télécommunications et des TIC aux priorités du plan quinquennal. Celui-ci sera suivi par une stratégie « e-Maroc 2010 » pour la période 2005-2010. Mais, c'est véritablement l'année 2008 qui marque la mise en place d'une véritable planification stratégique pour le développement des nouvelles technologies.

Cette planification est lancée suite à l'appel du roi, à l'occasion de son discours du trône de 2008. Il y exhorte le gouvernement à « *adopter une nouvelle stratégie dédiée aux secteurs de l'industrie et des services et au développement des nouvelles technologies* ». Cette stratégie devrait être axée sur l'exploitation optimale des opportunités induites par la mondialisation en matière de flux d'investissements. Outre la consolidation de l'industrie marocaine et l'encouragement de l'investissement industriel porteur d'une valeur ajoutée, cette stratégie devrait avoir pour vocation « *d'ouvrir la voie devant l'économie marocaine* », pour qu'elle puisse « *investir de nouveaux créneaux industriels faisant appel à des technologies novatrices et disposant de marchés prometteurs pour écouler ses produits et ses services* »[59]. La volonté royale se matérialise dans deux plans successifs : le plan Maroc Numeric pour la période 2008-2013, suivi par le plan Maroc Digital 2020.

Le Plan Maroc Numeric 2013 a été défini autour de quatre axes : la transformation sociale (i), la mise en œuvre des services publics orientés usagers (ii), l'informatisation des PME (iii) et le développement de l'industrie des technologies de l'information (iv). À ces quatre axes s'ajoutent deux mesures d'accompagnement : le développement du capital humain et de la confiance numérique.

Un budget de près de 500 millions d'euros est alloué au plan, dont près de 80% aux deux premiers axes. L'administration de ce plan est confiée au Conseil National des Technologies de l'Économie Numérique (CNTI) et au Comité Interministériel chargé du pilotage du programme e-Gouvernement (CIGOV)

Le bilan dressé par la Cour des Comptes du Maroc en 2014 est mitigé. Pour ce qui est de l'axe 1, dont l'un des principaux indicateurs

[59] http://www.maroc.ma/fr/discours-royaux/sm-le-roi-mohammed-vi-adresse-un-important-discours-%C3%A0-la-nation-%C3%A0-loccasion-du-9%C3%A8me

est l'accès de la population à l'internet haut débit, seules 11% des actions prévues ont été menées à terme. Les projets les plus avancés sont ceux relatifs à l'accès haut débit des enseignants et des étudiants des écoles d'ingénieurs et des universités. Le rapport met également en exergue une « *élaboration de la stratégie (...) marquée par le manque d'une approche participative avec les différents intervenants et acteurs (...) contrairement à d'autres pays qui ont mis en place des portails en ligne pour le recensement des usagers* ».

Il souligne également des carences en termes d'administration du plan : faible participation des acteurs concernés, compétences insuffisantes des administrations concernées notamment en gestion de projet et faible implication de celles-ci dans le pilotage du projet (Cour des Comptes, 2014)

C'est ce bilan insuffisant, et la prise de conscience de la perte de l'avance marocaine dans le domaine du numérique, qui va conduire le Ministère de l'Industrie, du Commerce, de l'Investissement et de l'Économie Numérique (MICEN), à lancer en 2016 le plan « Maroc Digital 2020 ».

Celui-ci s'articule autour de 3 piliers et de 9 initiatives. Les objectifs sont l'accélération de la transformation numérique du Maroc, le renforcement du Maroc comme *hub* numérique régional et la suppression des freins « écosystémiques » en attachant un intérêt particulier à la « problématique de la gouvernance et des compétences numériques ».

Les trois « piliers » définis sont : la transformation numérique de l'économie nationale (i), le positionnement comme *hub* numérique régional (ii) et la création de la place numérique Maroc (iii).

Les initiatives lancées pour « bâtir » le premier pilier sont relatives à la mise en place du e-gouvernement et à la réduction de la fracture digitale au profit des citoyens et des entreprises avec une attention particulière pour les PME/TPE et les régions défavorisées en termes de connectivité.

Pour le deuxième pilier, il s'agit essentiellement de monter dans la chaîne de valeur de l'*offshoring* en repositionnant les entreprises marocaines sur le créneau du BPO grâce à des incitations spécifiques. Il s'agit également de développer des infrastructures physiques (fibre optique et 4G) communes et d'encourager les talents africains à intégrer des sociétés marocaines sans doute pour parer au nombre insuffisant de jeunes formés dans le domaine du numérique.

Enfin, pour faire du Maroc une « place numérique », le troisième pilier prévoit la création de *Data Centers* avec des connexions très haut débit, un effort sur la formation, la création d'un cadre juridique et règlementaire numérique et des incitations financières pour faire émerger de « nouveaux acteurs technologiques nationaux ».

Des objectifs chiffrés sont donnés (UNESCO, 2017) :

- Le Maroc doit à l'issue du plan être dans le trio de tête des pays de la zone Afrique Moyen-Orient (exception faite des pays du Golfe) en termes de classement selon les indices e.GOV, et *doing IT*[60].
- 50% des démarches administratives doivent pouvoir être effectuées en ligne.
- La fracture numérique doit être réduite de 50% et 20% des PME doivent être équipées et connectées à l'internet.
- Le secteur de l'*offshoring* doit retrouver une croissance annuelle de 5 à 10% et créer 60 000 emplois.
- Le Maroc doit atteindre le statut de premier *hub* numérique francophone et deuxième *hub* numérique en Afrique.
- Le pays doit former plus de 15 000 spécialistes des NTIC et faire positionner 5 champions du numérique dans les 30 premières entreprises africaines du secteur.

Afin de mener à bien ces objectifs, l'État crée en 2017, l'Agence de Développement du Digital (ADD). L'ADD est un établissement public stratégique doté d'une personnalité morale et d'une l'autonomie financière. Placée sous la tutelle du Ministère de l'Industrie, du Commerce et de l'Économie Verte et Numérique (MICEVN), l'ADD est chargée de « *mettre en œuvre la stratégie de l'État en matière de développement du digital et de promouvoir la diffusion des outils numériques et le développement de leur usage auprès des citoyens* »[61] .

La création de cette nouvelle structure, qui est le pendant marocain d'agences comme l'Agence Française du Numérique (elle aussi rattachée au ministère de l'Industrie), montre combien le développement du numérique est un enjeu important pour l'État marocain.

Nous essaierons dans la fin de ce chapitre de dresser un bilan de ces 20 années de « volontarisme numérique marocain ».

---

[60] L'indice e.GOV est un indice de l'ONU, le *Doing IT* un indice de la Banque Mondiale

[61] https://www.add.gov.ma/presentation-de-ladd

III. UN BILAN CONTRASTÉ

1. Des infrastructures développées malgré quelques carences

Malgré quelques carences, le Maroc a réussi à mettre en place une infrastructure haut débit fixe et mobile de bonne qualité. En 2019, avec un score de 41,38, le pays se place au quatrième rang africain derrière l'île Maurice, l'Afrique du Sud et la Tunisie en termes de *Network Readiness Index*. Cet index, mis en place par le *World Economic Forum* en 2002, mesure la capacité d'un pays à exploiter les opportunités offertes par les NTIC. Si l'on prend en revanche la région Afrique du Nord Moyen-Orient, le Maroc se positionne plutôt dans la deuxième partie du tableau (voir figure 2). Mais les moyens financiers dont les pétromonarchies du Golfe disposent ne sont pas comparables à ceux du Maroc.

Figure 2 : Network Readiness Index 2019

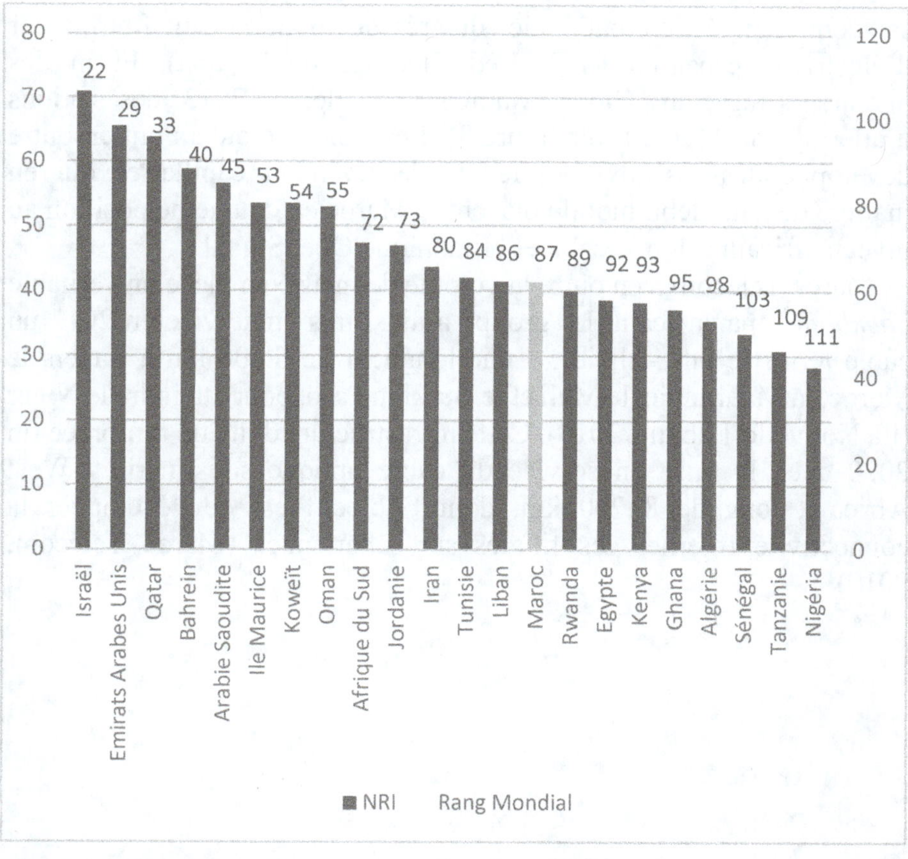

Source : Portulans Institute, mise en forme Bertrand Le Gorgeu

La libéralisation du marché des télécommunications, initiée dès 1997, ainsi que le dynamisme de l'opérateur historique Maroc Telecom ont permis une adoption relativement importante des technologies haut débit au Maroc. Malgré la concurrence que lui livrent Orange et Inwi, Maroc Telecom domine aujourd'hui le marché du haut débit fixe et mobile.

La capacité de connexion du Maroc est de 10 térabits par seconde en 2014 (Banque Mondiale, 2015), ce qui excède les besoins du pays. Nous n'avons malheureusement pas de données plus récentes, mais en raison de la mise à niveau des différents câbles à la technologie 100 Gbps, la situation ne devrait pas s'être détériorée.

Maroc Telecom contrôle ainsi 3 stations d'atterrage de câbles sous-marins dont il est aussi actionnaire : SEA-ME-WE 3, Atlas Offshore et Estepona Tétouan. Orange a de son côté une redondance de sa connectivité internationale avec deux - et bientôt trois - liaisons entre le Maroc et l'Espagne. Inwi est l'opérateur le plus fragile : il dépend pour sa connectivité internationale du réseau optique du fournisseur d'électricité espagnol REE (Red Eléctrica de Espana). Enfin, les opérateurs nigérians Glo et MainOne ont, depuis 2013, des stations d'atterrage au Maroc (voir figure 3). Les trois opérateurs ont en outre développé des réseaux mobile 4G relativement capillaires qui en matière de haut débit mobile placent le Maroc en deuxième position au niveau africain selon le cabinet britannique OpenSignal.

Maroc Télécom a en outre la volonté de mettre en place un véritable *backbone*[62] panafricain. Le groupe a ainsi mis en service en 2017 un câble terrestre inter-filiales, d'une longueur de 5 300 km à travers le Maroc, la Mauritanie, le Mali et le Burkina Faso, pour atteindre le Niger (La Nouvelle Tribune, 2018). Cette infrastructure doit être renforcée fin 2020 avec la mise en service du câble optique sous-marin « West Africa », long de 8 200 km, dont l'objectif est de développer la connectivité Internet des filiales sub-sahariennes (Maroc Telecom, 2019).

[62] Littéralement l'épine dorsale d'un réseau, c'est-à-dire une architecture de transmission longue distance

Figure 3 : Les stations d'atterrage au Maroc

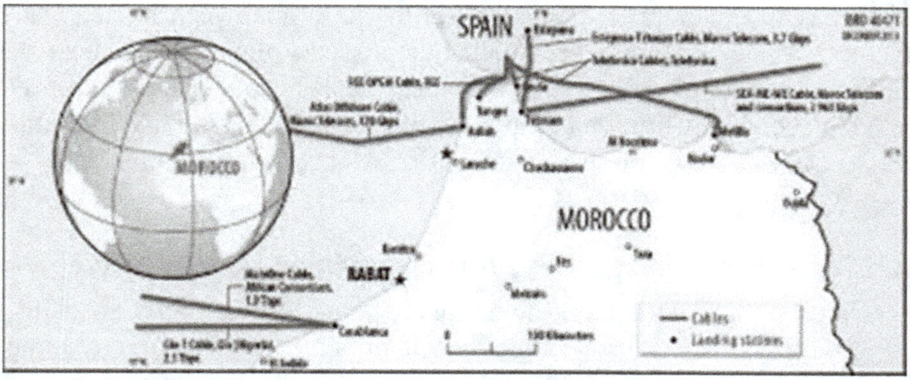

Source : banque mondiale

La principale carence des infrastructures marocaines est que le haut débit fixe reste principalement limité aux centres urbains et aux axes routiers du pays. Il demeure donc une fracture numérique qui engendre des inégalités économiques et sociales entre les régions. Ainsi, Orange et Inwi n'ont pour l'instant pas investi de manière massive dans leurs infrastructures filaires. Alors que Maroc Telecom possède un *backbone* de 25 000 km, ceux d'Orange et Inwi ne sont que de 5 000 et 6 000 km (Banque Mondiale, 2016b).

Malgré les incitations mises en place par le plan Maroc Numeric 2020, le Maroc n'a pas su faire émerger d'opérateurs de gros ou *wholesale operators* à la manière d'un Liquid Telecom ou permettre l'implantation d'opérateurs de gros étrangers qui auraient permis de fluidifier le marché et de rendre les offres entreprises plus compétitives.

La deuxième dimension qui permet d'apprécier l'état des infrastructures numériques est le développement des *Data Centers,* qui permettent de stocker les données (les réseaux optiques et sans fils permettent de faire circuler les flux). Les infrastructures haut-débit comportent deux dimensions : le réseau, qui permet de faire circuler les flux, et les *Data Centers,* qui permettent de stocker les données. Le Maroc, malgré la volonté affichée dans le plan Maroc Numeric 2020, reste relativement pauvre en *Data Centers* (voir chapitre 4, titre II).

Les opérateurs Inwi, Maroc Telecom et Orange ont certes des offres d'hébergement dans leurs *Data Centers* situés au Maroc. En revanche, d'après le site Datacenter Map, le Maroc ne possède pour l'instant que 4 *Data Centers* indépendants des opérateurs. Etix, Medasys, MTDS et N+One ont en outre des tailles relativement modestes, avec moins de 1000 m^2 pour le plus gros. Le Maroc n'a ainsi pas su développer d'acteurs comme le zimbabwéen Africa Data Center, filiale de Liquid Telecom qui possède plusieurs dizaines de milliers de mètres carrés sur cinq sites, ou les tunisiens Dataxion et EO Datacenter. À titre de comparaison, l'Afrique du Sud héberge plus de 20 *Data Centers* indépendants, et l'île Maurice une dizaine.

2. L'émergence progressive d'un écosystème public/privé

Outre ses infrastructures développées pour les standards africains, le Maroc a su faire progressivement émerger un écosystème numérique dynamique. Nous observons cela à travers trois aspects : l'adoption du numérique par le gouvernement et les grandes entreprises, la mise en place d'un écosystème cyber et celle d'un cadre attractif pour les entreprises étrangères.

Selon l'OCDE, le gouvernement numérique ou *e-government* « *fait référence à l'utilisation des technologies numériques, en tant que partie intégrante des stratégies de modernisation des gouvernements, pour créer de la valeur publique. Celui-ci repose sur l'écosystème d'un gouvernement numérique composé d'acteurs gouvernementaux, d'organisations non-gouvernementales, d'entreprises, d'associations citoyennes et d'individus qui soutient la création et la fourniture de données, services et contenus à travers des interactions avec le gouvernement.* »[63]

L'adoption numérique est mesurée depuis 2016 par la Banque Mondiale grâce à l'indicateur d'adoption numérique, ou DAI pour *Digital Adoption Index*. Le DAI est fondé sur 3 sous-indices d'importance égale : adoption du numérique par les entreprises, les administrations et les individus. Selon ce critère, le Maroc se situe comme pour le *Network Readiness Index* (voir figure 2) au quatrième rang africain, derrière l'île Maurice, l'Afrique du Sud et la Tunisie.

De manière générale, on observe que le Maroc est dans la moyenne des pays de la zone « MENA », mais souffre d'un retard pour ce qui est de l'adoption du numérique (DAI) par la population (voir figure 4). C'est sans doute la conjonction de deux facteurs : l'illettrisme encore élevé (le taux d'alphabétisme est d'environ 75% selon l'UNESCO contre plus de 80% pour la Tunisie) et la fracture numérique.

---

[63] OCDE (2014), *Recommendation of the Council on Digital Government Strategies.*

Le Maroc est, en revanche, très en retard par rapport à des pays auxquels il se compare fréquemment (Turquie, Corée du Sud, Grèce, Estonie, Portugal, rassemblés dans ce que nous appellerons le groupe témoin) et qui ont un niveau de développement auquel le Maroc aspire (Turquie, Grèce, Estonie, Portugal), ou qui avait au moment de l'indépendance marocaine un niveau de développement similaire (Corée du Sud).

Figure 4 : Index d'Adoption du Numérique (DAI)

-

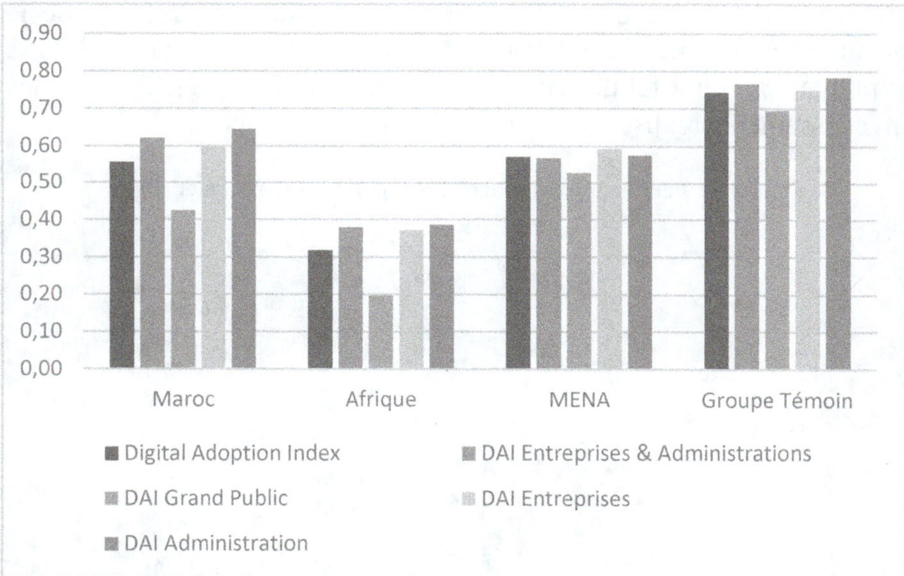

Source : Banque Mondiale 2016, mise en forme Bertrand Le Gorgeu

Les données *Global Innovation Index* co-publiées par l'INSEAD, l'Université Cornell et l'OMPI[64] donnent une vision diachronique du développement du *e-gouvernement* et de l'adoption du numérique par la population, en mesurant deux indices :

- L'indice de *e-participation* : cet indice reprend en partie en le complétant, l'indice de participation en ligne des Nations Unies qui mesure sur une échelle de 0 à 1, l'étendue, la pertinence et la capacité des sites administratifs d'un pays à fournir des informations et des outils participatifs à ses citoyens.

[64] Office Mondial de la Propriété Intellectuelle

– L'indice de *government on-line service* ou « services administratifs mis en ligne », évalue la qualité de différents sites administratifs comme le portail des services publics, et les sites de différentes administrations comme l'éducation, le travail, les services sociaux, les finances et l'environnement.

De la lecture des figures 5 et 6, il ressort que le Maroc est positionné très au-dessus de la moyenne des pays africains. Il est même plus proche des pays témoins (Corée du Sud, Turquie, Estonie, Portugal, Grèce) que des pays de la zone MENA, pour les années 2015 et 2017. On constate cependant une dégradation relative de la position marocaine entre l'année 2017 et 2019, qui pourrait être expliquée par un effet de rattrapage des pays de la zone MENA et des investissements réalisés dans les pays témoins.

Figure 5 : Performances marocaines pour les services en-ligne

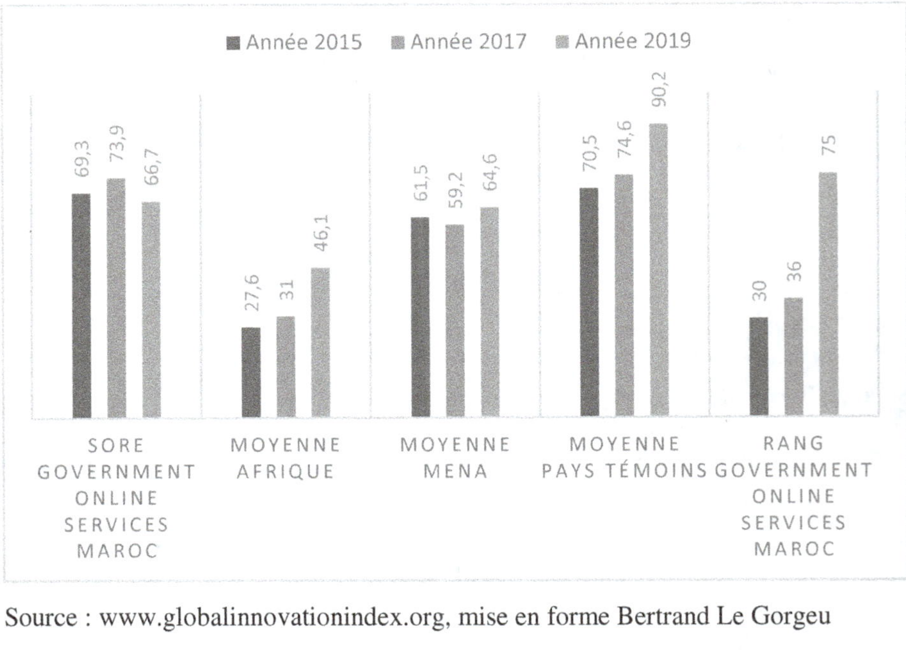

Source : www.globalinnovationindex.org, mise en forme Bertrand Le Gorgeu

Figure 6 : Performances marocaines pour l'e-participation

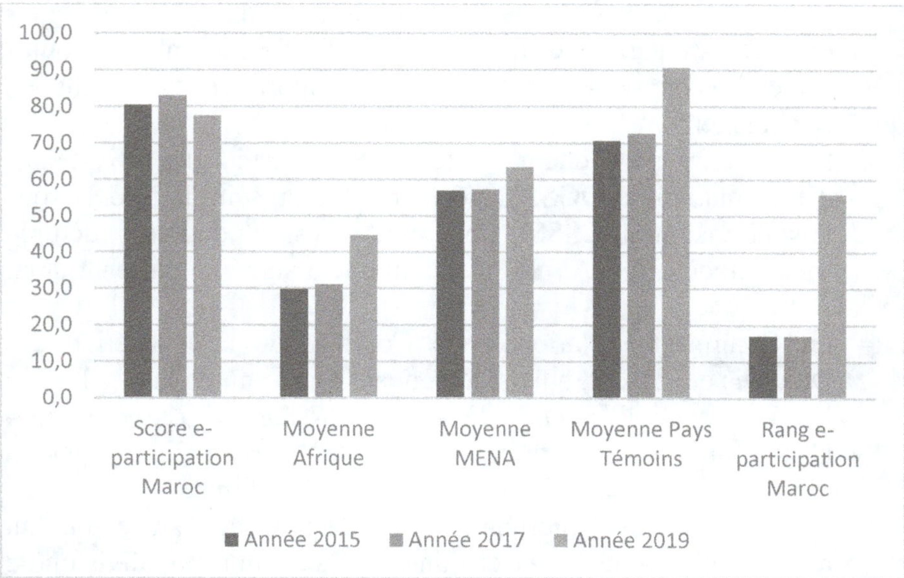

Source : www.globalinnovationindex.org, mise en forme Bertrand Le Gorgeu

Le Maroc, outre la mise en place d'un cadre administratif de relativement bonne qualité pour stimuler[65], et encadrer l'industrie du numérique[66] et les efforts effectués en termes de numérisation de l'administration, a su mettre en place un dispositif de cyberdéfense structuré.

Avec l'adoption des NTIC par les particuliers, les entreprises et les administrations, le Maroc acquiert une appréciation plus complète des risques et des défis associés à la cybercriminalité (« *sextorsion* », vols d'identité…), la cyber-fraude (transfert d'argent illicite, extorsion à la carte bleue), le cyber-sabotage ou le cyber-espionnage[67].

Si peu d'incidents ont fait l'objet d'une reconnaissance officielle, le gouvernement marocain a mis en place depuis la fin des années 2000 tout un dispositif de cyberdéfense. Cette politique a été annoncée en 2009 dans le cadre du Plan Maroc Numeric 2013 (voir chapitre 2 titre II). Elle s'est traduite par la mise en place des institutions suivantes :

– Le Comité Stratégique de la Sécurité des Systèmes d'Informations ou CSSSI, composé de représentants de 13

[65] ADD mentionnée à la page 13
[66] ANRT mentionnée à la page 42
[67] Voir l'article en ligne (Le360, 2013)

ministères et présidé par l'Administration de la Défense Nationale (ADN) est chargé de définir les directives et lignes directrices en matière de sécurité de l'information pour toutes les entités gouvernementales clés. Il approuve également les financements.

- La Direction Générale de la Sécurité des Systèmes d'Information ou DGSSI, créée en 2011 au sein de l'ADN sous la supervision du CSSSI. Cette entité s'est, au départ, structurée sur le modèle de l'ANSSI avec qui elle a signé un partenariat en 2013.
- La Commission Nationale de Contrôle de la Protection des Données ou CNDP, qui est le pendant marocain de la CNIL.
- Le *Moroccan Computer Emergency Response Team* ou ma-CERT[68] qui sous la direction de l'ADN est en charge de la réponse aux attaques Cyber d'importance nationale.
- Le ministère de l'Intérieur a également mis en place tout un réseau régional de Cyber-criminologie au sein d'une division de la DGSN (Direction Générale de la Sûreté Nationale).

La politique du Maroc en termes de cyberdéfense a été formalisée pour la première fois en 2012 par le CSSSI, et s'articule autour de 4 axes principaux (Hathaway et Spidalieri, 2018) :

- L'évaluation des risques encourus par les systèmes d'informations de l'administration et les infrastructures vitales (celles-ci se répartissent dans 15 secteurs à la manière des OIV définis par l'ANSSI).
- La protection des systèmes d'information des administrations et des infrastructures vitales.
- Le renforcement des bonnes pratiques en matière de SSI (mise en place d'un cadre légal, formation, R&D…).
- Les actions de coopération nationale et internationale. Celles-ci sont nombreuses : France, Corée du Sud, OTAN, Union européenne, Inde et seront décrites de manière plus détaillée dans le chapitre 3.

---

[68] Un *Computer Emergency Response Team* (CERT) ou Computer *Security Incident Response Team* (CSIRT) est un centre d'alerte et de réaction aux attaques informatiques, destiné aux entreprises ou aux administrations, mais dont les informations sont généralement accessibles à tous. L'appellation CSIRT est privilégiée en Europe

Le Maroc dispose donc d'un dispositif d'une grande maturité à l'échelle africaine. Avec l'Arabie Saoudite, il est le seul pays de la zone MENA à avoir fait l'objet d'un rapport complet par le *Potomac Institute for Policy Studies*.

Le classement de Global Cybersecurity Index[69] (GCI) de l'UIT positionne le Maroc au dixième rang dans la zone MENA, ce qui n'est pas surprenant compte tenu des écarts de budget de défense. Plus surprenant est le classement du Maroc par rapport à l'Afrique, où il arrive derrière une dizaine de pays africains anglophones, mais aussi derrière la Côte d'Ivoire (voir figure 7). Outre le caractère subjectif de ce type d'index, une explication pourrait résider dans les accords de coopération Cyber, signés avec des pays très à la pointe dans la cyberdéfense. Ainsi, sept pays africains ont signé des accords de coopération avec Israël (Lusaka Times, 2016) : Zambie, Éthiopie, Ouganda, Soudan du Sud, Rwanda, Kenya, Tanzanie se positionnent avec des CGI supérieurs à ceux du Maroc, dans le « top 12 » africain[70]. Certains, comme le Kenya, ont également développé des coopérations avec les États-Unis.

---

[69] Le Global Cybersecurity Index évalue la capacité cyber d'un pays selon 5 dimensions : le cadre légal (i), les capacités techniques (ii) et organisationnelles (iii), le développement capacitaire (iv) et les accords de coopération en place (v). Ces données sont collectées sous forme de questionnaire en ligne. Les résultats sont ensuite évalués et remis en perspective par un groupe d'experts.

[70] Exception faite de l'Éthiopie et du Soudan du Sud.

Figure 7 : Scores Global Cybersecurity Index dans la zone MENA en 2018

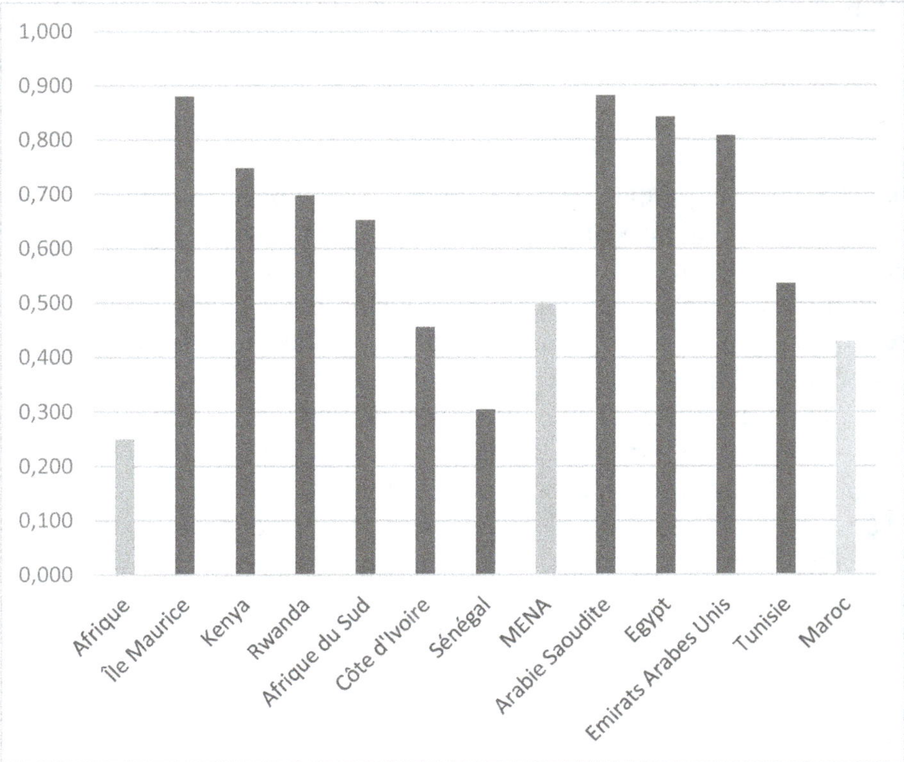

Source : Données UIT 2018, mise en forme Bertrand Le Gorgeu

À cet environnement cyber « structuré » s'ajoute un cadre très attractif pour les investissements étrangers, dont peuvent bénéficier les acteurs du numérique. Celui-ci complète l'écosystème numérique public/privé développé au Maroc depuis 20 ans. Ce cadre a été mis en place dès la fin du règne d'Hassan II avec, en 1993, l'abrogation de la Loi sur la « marocanisation », qui a permis de supprimer toutes les discriminations à l'encontre des investisseurs étrangers.

Le dispositif a été complété au fil des années avec en 1996 une loi-cadre, fixant les objectifs du gouvernement pour améliorer le climat d'investissement du pays, puis par différentes mesures comme l'institution d'une commission des investissements pour statuer, entre autres, sur d'éventuelles entraves aux projets d'investissement. Différentes agences ont également été mises en place : création de guichets uniques pour les investisseurs dans chacune des 16 régions, création de l'agence marocaine de développement des investissements, qui a un rôle d'accueil et de promotion. Les entreprises du numérique souhaitant investir au Maroc ont également pu bénéficier de mesures fiscales très attractives : allègement important de la fiscalité du travail, exonération de l'impôt sur les sociétés pendant 5 ans (CNUCED, 2010).

Enfin, les accords de libre-échange signés par le Maroc avec une cinquantaine de pays, dont l'Union européenne (2000), les États-Unis (2006) et la Turquie, sont également des atouts importants.

3. Des insuffisances majeures freinent l'émergence d'acteurs locaux

Malgré ces atouts que nous avons essayé de nuancer dans les pages précédentes, le Maroc souffre d'insuffisances importantes dans sa volonté de s'affirmer comme un acteur majeur du numérique en Afrique. Celles-ci sont les carences du système éducatif national, l'insuffisance des financements, privés et publics, et l'incapacité du Maroc à « sortir » des segments à faible valeur ajoutée.

3.1. Les carences du système éducatif

L'éducation est un problème récurrent au Maroc. Le nombre d'étudiants dans l'enseignement supérieur est passé de 284 346 en 2000-2001 à 825 121 en 2016-2017, grâce à différents plans comme le Plan d'Urgence de l'Éducation (2009-2012), qui a permis d'augmenter le nombre de bacheliers de 50%, avec plus de 200 000 bacheliers en 2016 (Banque Mondiale, 2019).

Il y a malgré tout une double inadéquation de l'offre à la demande. D'une part, le système éducatif supérieur met sur le marché plus de 135 000 diplômés par an, alors que le secteur formel ne peut en absorber que 56 000 (BearingPoint, 2020). D'autre part le système marocain ne forme pas assez d'étudiants dans des domaines clés comme le numérique.

Dans son rapport sur l'enseignement supérieur de 2018, le CSEFR[71] reconnaît que le Maroc a dans le numérique des écoles de renom comme ENSIAS, l'École Mohammedia des Ingénieurs, les ENSA créés au sein des universités, et d'autres plus récentes comme l'école 1 383 créée conjointement par Xavier Niel et l'OCP[72] sur le modèle de l'école 42. Le rapport met cependant en exergue le fait que

[71] Conseil Supérieur de l'Éducation, de la Formation et de la Recherche Scientifique.
[72] Office Chérifien des Phosphates

« *…le Maroc fait face à une fuite des compétences en ingénierie informatique. Les statistiques nationales ne nous permettent point d'avoir une idée claire et précise sur le phénomène. Toutefois, le constat qui apparait, relaté par les enseignants et par les chefs d'entreprises marocaines des technologies de l'information, révèle l'ampleur du phénomène* ».

Le même rapport pointe du doigt l'Union Européenne qui « *prévoit que 800 000 profils pourraient manquer dans le domaine du numérique d'ici 2020* ». Les besoins en profils qualifiés des pays « avancés » seraient à l'origine d'un processus de démarchage des « *compétences formées gratuitement dans les universités publiques marocaines* ». Cette fuite des cerveaux serait évaluée à environ 600 ingénieurs par an[73] dont une grande partie sont des développeurs d'applications mobiles, des « *data scientists*[74] » des architectes système ou des consultants en « *big data* »[75]. C'est un chiffre considérable pour un pays qui ne forme que 8 000 spécialistes du numérique chaque année, soit autant que la Tunisie (données MTCEN 2018) qui est pourtant trois fois moins peuplée, alors que le secteur du numérique marocain aurait besoin de 30 000 spécialistes formés par an[76].

3.2. Le manque d'investissement

La deuxième grande lacune de l'écosystème numérique marocain est le manque d'investissements publics et privés dans le secteur du numérique. Les investissements publics via le Fonds de Service Universel pour les Télécommunications (FSU ou FSUT) ont été essentiellement dirigés vers des projets éducatifs et peu vers le secteur des infrastructures, comme le souligne une note pour le MICIEN de novembre 2016 (Banque Mondiale, 2016b).

Les investissements des grandes entreprises dans le domaine de l'intelligence artificielle[77] et du « *big data* » sont d'une grande faiblesse si on les compare à ceux réalisés par d'autres pays de la

---

[73] Source : Les Échos START, La France nouvel eldorado des ingénieurs marocains, Théa Ollivier, 12/04/2019

[74] Expert de la gestion et de l'analyse de données massives

[75] Ressources d'informations dont les volumes et la variété imposent l'utilisation de technologies et de méthodes analytiques particulières

[76] C'est du moins l'objectif du plan Maroc Digital 2020.

[77] Selon le Larousse, l'ensemble des théories et des techniques mises en œuvre en vue de réaliser des machines capable de simuler l'intelligence

région (voir figure 8). Un tel sous-investissement qui s'accumule sur plusieurs années a des effets néfastes sur la montée en compétence des personnes qui travaillent dans le secteur, et montre que le Maroc reste pour l'instant focalisé sur des segments du numérique à plus faible valeur ajoutée.

Figure 8 : Investissements dans le domaine de l'Intelligence Artificielle 2008-2018

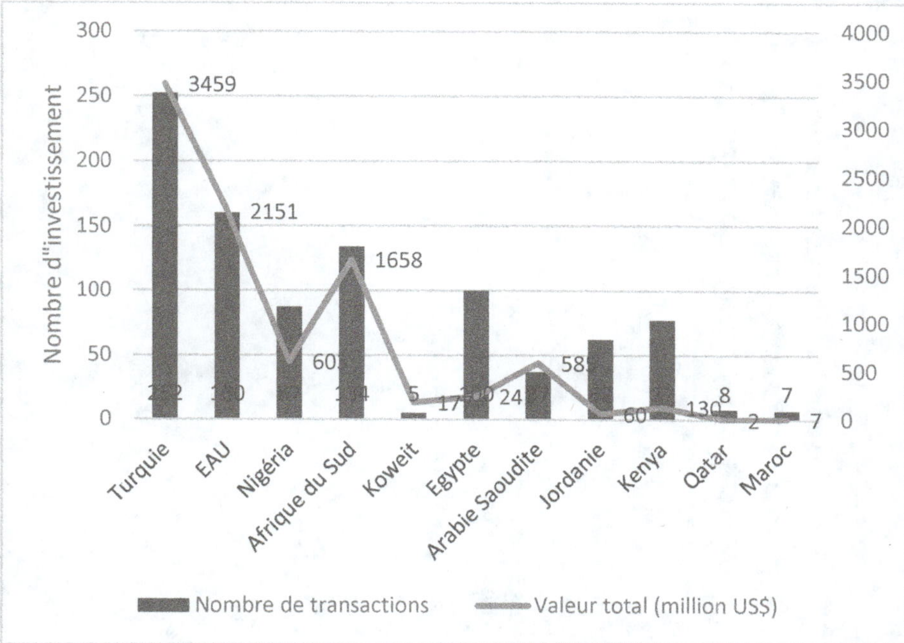

Source : données Microsoft 2019, mise en forme Bertrand Le Gorgeu

Enfin, le Maroc n'a pas encore été en mesure de mettre en place un écosystème favorable à l'émergence de « *start-ups* ». Dans une étude de 2019, le fonds de capital-risque français Partech recense tous les investissements de plus 200 000 dollars dans des jeunes pousses africaines, et il apparaît que le Maroc est très en retard (comme toute l'Afrique francophone) par rapport à des pays comme le Kenya, l'Afrique du Sud, le Nigéria ou l'Égypte, mais également par rapport à des économies d'Afrique francophone pourtant plus petites comme le Sénégal ou la Tunisie (voir figure 9).

Figure 9 : Les investissements dans les start-ups africaines en 2018

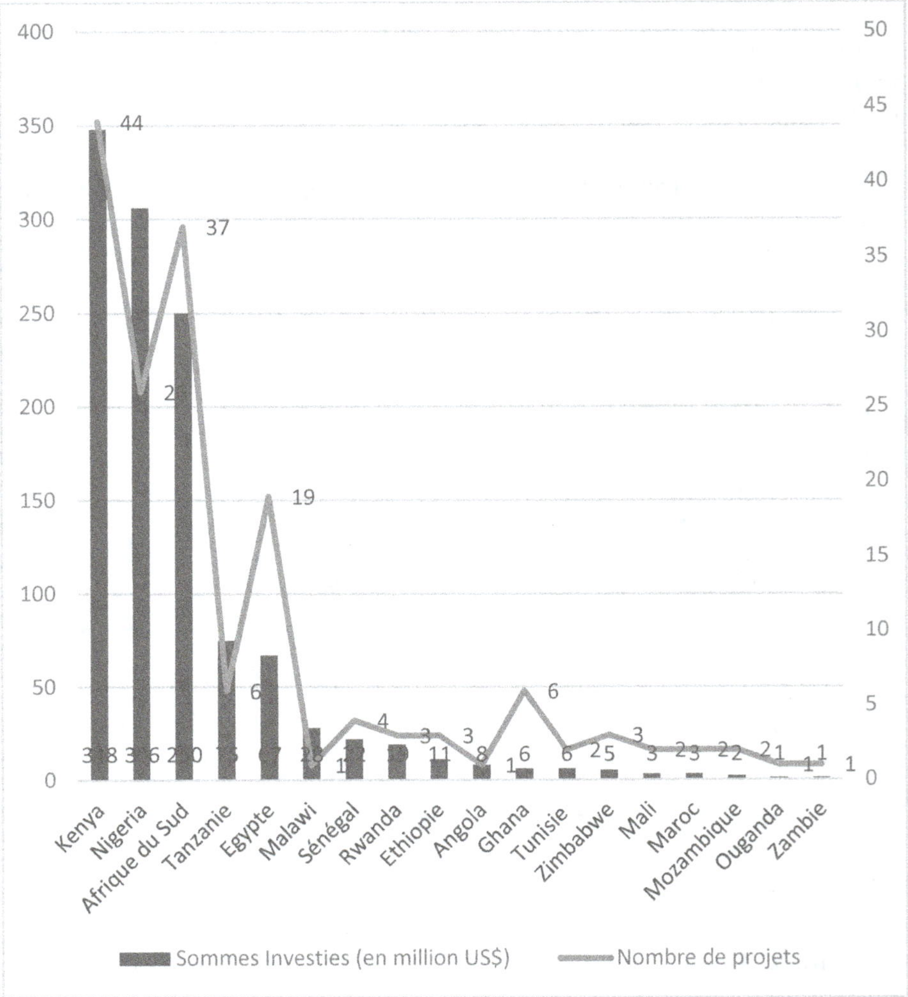

Source : Données Partech 2019, mise en forme Bertrand Le Gorgeu

3.3. Le piège de l'offshoring ou l'incapacité à monter dans les Chaînes de Valeur Mondiales

Cette dernière carence est accentuée par les deux précédentes. Comme pour l'automobile ou l'aéronautique, le développement du numérique au Maroc est venu de l'extérieur et le Maroc n'a fait qu'accompagner le phénomène. L'industrie marocaine du numérique, qui est essentiellement composée de sociétés actives dans le domaine de l'*offshoring*, n'est qu'une sous-traitante de l'industrie européenne et de l'industrie française en particulier.

Le plan d'accélération industrielle semble avoir réussi à relancer un secteur qui a connu une panne de croissance au milieu des années 2010, suscitant l'inquiétude de l'APEBI, la fédération marocaine des technologies de l'information, des télécommunications et de l'*offshoring*[78]. L'action de cette dernière a permis de mettre en place des mesures spécifiques pour la relance du secteur, dans le cadre du Plan d'Accélération Industrielle 2014-2020, qui ont permis de le redynamiser (voir figure 10). On remarque cependant que la part de l'ITO[79], qui est la seule activité numérique à proprement parler, demeure stable à environ 25% du chiffre d'affaires du secteur. De même, bien que le Plan d'Accélération Industrielle prévoie également des mesures sur l'accompagnement des *start-ups* et des Marocains résidant à l'étranger désirant investir et ayant développé une expertise dans des secteurs *high-tech,* la faiblesse des investissements réalisés au Maroc dans le secteur technologique montre que cet objectif n'a pas été atteint.

Figure 10 : Évolution du Chiffre d'Affaires du Secteur de l'Offshoring

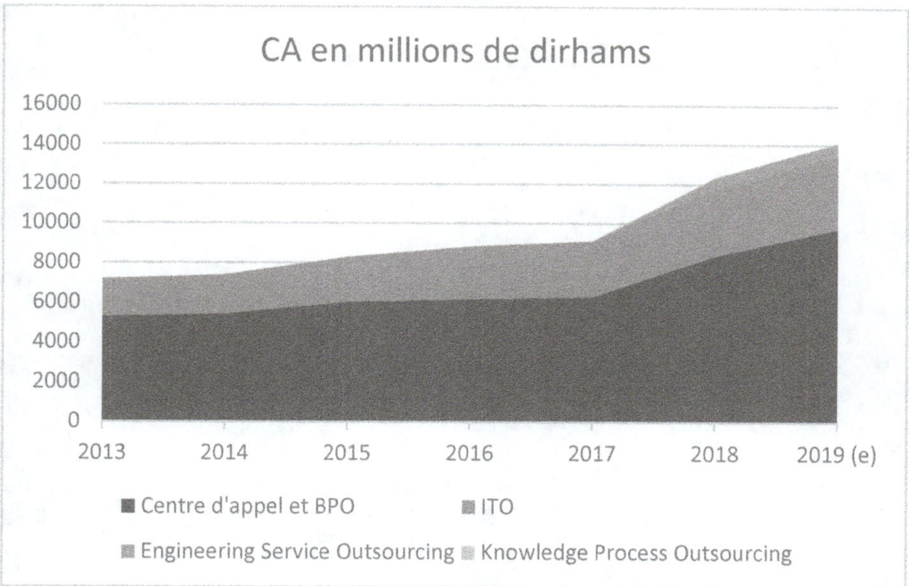

Source : Office des Changes, mise en forme Bertrand Le Gorgeu

[78] Interview de la Présidente de l'APEBI dans l'Usine Nouvelle du 16/04/2016
[79] Infogérance

Comme dans le secteur de l'automobile ou de l'aéronautique, il semble qu'à ce jour le Maroc cherche davantage à importer les « briques » manquant à son intégration dans les Chaines de Valeur Mondiales, qu'à vraiment développer un tissu industriel local. Le fait que la notion de *hub* – plateforme, lieu de transit - revienne de manière récurrente dans les discours officiels marocains est en cela symptomatique.

CHAPITRE 3

Articulation géographique de la stratégie numérique du Maroc

Pour appréhender la stratégie du Maroc en matière numérique, il convient d'en étudier l'articulation géographique. Dans ce chapitre, nous nous attacherons à comprendre la stratégie des acteurs privés (I), les relations que le Maroc entretient avec ses partenaires historiques, l'Union Européenne - en particulier la France - et les États-Unis (II), et depuis le milieu des années 2010, les relations développées par le Maroc avec d'autres acteurs du numérique (III).

Les acteurs privés que nous avons retenus sont, par leur diversité, représentatifs des différents pans du secteur numérique marocain mentionnés dans les pages précédentes. Il s'agit des opérateurs de télécommunication (Maroc Telecom, Inwi et Orange Maroc), des éditeurs de logiciels Involys et Medtech, des spécialistes de l'*offshoring* Intelcia (premier acteur marocain et cinquième acteur de l'espace francophone) et Outsourcia (deuxième acteur marocain), et des spécialistes de la monétique HPS et M2M. Les données disponibles ne nous ont pas permis de distinguer la part de Maroc Télécom de celle des autres acteurs dans les IDE marocains. Celle-ci est prépondérante en termes quantitatifs : Maroc Télécom avec un chiffre d'affaires 2019 supérieur à 3 milliards d'euros a une activité plus de six fois supérieure à celle d'Inwi ou Orange Maroc, et plus de dix fois supérieure à celle de tous les autres acteurs réunis.

Pour ce qui est des relations du Maroc avec les autres acteurs, nous distinguerons d'une part les organisations internationales actives dans le domaine du cyber – l'ONU et l'Union Africaine – et d'autre part les acteurs étatiques. Nous avons classé les acteurs étatiques en 3 catégories : les acteurs mondiaux que sont la Chine et la Russie, les acteurs régionaux que sont les Pays du Golfe, la Turquie et l'Israël et les autres que sont la Corée du Sud, l'Inde, la Malaisie et le Brésil. Nous avons sélectionné ces acteurs en raison des accords qu'ils ont pu signer avec le Maroc dans le domaine Cyber (la Malaisie), pour les ambitions qu'ils ont en Afrique (Pays du Golfe, Turquie et Israël), le poids de leur industrie numérique (Israël) ou l'importance de leurs relations économiques avec le Maroc (Pays du Golfe).

Dans les titres II et III, nous étudierons les relations du Maroc avec ces acteurs, en analysant plus particulièrement les flux d'IDE réalisés au Maroc par les entreprises issues de ces États et les accords de partenariat noués entre le Maroc et ces États (notamment en termes de développement capacitaire). Les données disponibles ne permettant pas une ventilation des IDE par société ou nature d'investissement (opérateur, distribution, ESN), nous avons complété cette analyse par celle du chiffre d'affaires et de l'origine géographique des principales sociétés présentes au Maroc, actives dans le domaine du numérique.

I. STRATÉGIE(S) DES ACTEURS MAROCAINS DU NUMÉRIQUE

La grille d'analyse retenue pour étudier la stratégie des acteurs marocains du numérique est celle que développe Sylvie Daviet dans son article « Internationalisation : les nouvelles ambitions des groupes tunisiens et marocains » (Daviet, 2015). Elle y définit quatre catégories de stratégies : stratégie de type A quand une entreprise se développe essentiellement dans l'espace maghrébin, stratégie de type B quand une entreprise part à la conquête de l'Afrique subsaharienne pour bénéficier des dynamiques de croissance et mettre en œuvre des stratégies Sud-Sud, stratégie de type C quand une entreprise développe une position pivot en se déployant au Nord et au Sud, et stratégie de type D quand une entreprise marocaine s'implante sur la rive Nord de la méditerranée. À ces quatre stratégies, il faudrait en ajouter une cinquième, de type E, quand une entreprise marocaine met en œuvre une stratégie d'implantation et/ou de développement commercial mondiale.

Pour Sylvie Daviet, ces stratégies sont influencées par deux catégories de facteurs externes : l'environnement géographique et culturel et l'environnement institutionnel.

Sur le plan géographique et culturel, le Maroc se trouve à la confluence de trois espaces : le monde arabe et moyen-oriental au centre, la Méditerranée et l'Europe au Nord, l'Afrique Sub-Saharienne au Sud.

Sur le plan institutionnel, les accords de libre-échange signés par le Maroc, reflètent ainsi l'appartenance à ces trois espaces : accord euro-méditerranéen signé avec la Communauté Européenne en 1995 dans le cadre du processus de Barcelone et approfondi dans le cas du Maroc par l'octroi d'un « Statut Avancé » en 2008, Accord de libre-échange GAFTA signé avec le monde arabe en 1997 et entré en vigueur en 2005 qui se superpose à l'Union du Maghreb Arabe signé en 1989 entre Mauritanie, Maroc, Algérie, Tunisie et Libye et aux accords d'Agadir qui réunissent depuis 2004 l'Égypte, la Jordanie, le Maroc la Tunisie et la Palestine. Pour ce qui est de l'Afrique, le Maroc fait partie du CEN-SAD depuis 2001 et a conclu des accords de libre-échange avec la CEDEAO et la CEMAC.

1. Les opérateurs Télécom

Le Maroc possède trois opérateurs de télécommunications disposant de licences fixes et mobiles : Maroc Télécom issu de la scission et de la privatisation de l'activité téléphonie de l'ONPT, Orange Maroc issu du rachat par Orange de la *joint-venture* entre Portugal Télécom et l'espagnol Telefonica, et Inwi créé en 2004 par l'entrepreneur franco-marocain Karim Zaz sur la base de l'ancienne activité internet de France Télécom au Maroc. Nous ne ferons que mentionner Orange Maroc dont il sera question dans le chapitre 4. De fait, bien que l'État marocain possède une participation minoritaire dans Orange Maroc, la dynamique du développement d'Orange au Maroc et en Afrique est propre au groupe français. Nous étudierons ici Maroc Télécom sur lequel l'État a une influence importante. La famille royale détient à travers la SNI (devenu Al Mada) 69% de l'opérateur Inwi, mais celui-ci, à l'image du groupe Iliad en France avant son développement en Italie, s'est concentré sur le territoire marocain où il a développé une offre mobile et fixe très compétitive en utilisant des technologies radio IP native[80].

Maroc Télécom présente un triple intérêt. Opérateur historique dans lequel l'État garde une participation de près de 20%, cette société est un instrument au service de l'État marocain pour le développement du numérique dans le royaume. C'est également avec le secteur

[80] L'IP est l'Internet Protocol. Les technologies IP native sont celles qui utilisent l'IP sans recours à l'intermédiation de technologies plus anciennes comme le SDH ou l'ATM permettant ainsi une amélioration notable des performances en termes de débit ou de latence.

bancaire, l'un des deux principaux vecteurs de la diplomatie économique marocaine en Afrique subsaharienne. Enfin, l'évolution de la répartition du capital de Maroc Télécom est représentative de la stratégie multipolaire mise en œuvre par Mohammed VI depuis son accession au trône (voir chapitre 1, titre I) : filiale du Groupe français Vivendi entre 2001 et 2014, Maroc Télécom est détenue depuis 2014 à hauteur de 52% par le groupe de télécommunication émirati Etisalat.

Maroc Télécom est issu de l'Office National des Postes et Télécommunications, scindé en deux en 1998, à l'issue des premières lois sur le développement des télécommunications (voir chapitre I, titre II). La société est demeurée entièrement sous le contrôle de l'État jusqu'en 2001. À cette date, le groupe français Vivendi acquiert 35 % du capital de Maroc Télécom, en obtenant l'appel d'offres international relatif à sa privatisation. Maroc Télécom est intégré à la branche télécommunication du conglomérat, au même titre que SFR qui est partiellement détenue par le groupe britannique Vodafone. Cette appartenance partielle au groupe Vodafone permet à SFR comme Maroc Télécom de bénéficier de la plateforme d'achat du groupe.

Maroc Télécom est introduite en bourse à Casablanca et à Paris en 2004. Au fil des années, Vivendi va renforcer sa participation dans Maroc Télécom jusqu'à une majorité de 53% en 2007. Maroc Télécom deviendra une des sociétés les plus rentables du groupe. L'État marocain en garde cependant une part significative. Celle-ci est ramenée de 65% à 22% au moment de la privatisation et demeure actuellement actionnaire à des niveaux voisins

Les liens de Maroc Télécom avec l'État marocain sont également visibles dans le parcours de son dirigeant et les fonctions occupées par les membres du conseil de surveillance. Abdeslam Ahizoune est président du directoire de Maroc Télécom depuis 2001. Cet ancien haut fonctionnaire, deux fois ministre des Postes et Télécommunications dans les années 1990, a fait toute sa carrière à l'ONPT dont il est devenu le directeur général. On observe aussi la présence au conseil de surveillance de hauts représentants de l'État : le ministre de l'Économie et des Finances Mohammed Benchâaboun est président du conseil de surveillance, et on trouve parmi les sept autres membres le ministre de l'Intérieur, Abelouafi Lafit, ainsi que le directeur des Entreprises Publiques et de la Privatisation au Ministère de l'Économie et des Finances, Abderrahmane Semmar.

Grâce à ces liens étroits, l'État marocain peut se servir de Maroc Télécom comme d'un outil de développement du numérique sur son territoire. Maroc Télécom capte ainsi une partie importante de l'investissement public dans le cadre de projets d'investissements. En 2016, les 21 projets approuvés par le Premier Ministre, pour un montant de 3,5 milliards d'euros, sont pour plus de 52% destinés à l'industrie. De cette part, près de la moitié est destinée au secteur des télécommunications et Maroc Télécom en est le principal récipiendaire[81]. En 2019, à la signature de la sixième convention d'investissement (période 2019/2021) pour le développement des télécommunications dans le royaume, c'est près de 58 milliards de dirhams (soit plus de 5 milliards d'euros) qui ont été investis dans le secteur des télécommunications avec des objectifs en termes de très haut débit mobile et fixe et de création d'emplois[82].

Les rapports de Maroc Télécom avec l'État marocain sont néanmoins complexes. Maroc Télécom peut ainsi bénéficier de soutiens de certaines parties de l'administration, à l'instar du Ministère de l'Économie et des Finances, pour résister à la mise en œuvre de politiques émanant d'autres administrations, comme la politique de dégroupage de la boucle de fibre optique demandée par l'ANRT dont l'objectif est d'améliorer la couverture fixe au Maroc et de dynamiser le marché de l'internet résidentiel fixe et le marché des entreprises.

Demandé par l'ANRT depuis juin 2014, le dégroupage fait partie de la Note d'Orientation Générale pour la poursuite du développement du secteur des télécommunications. Malgré une amende de 310 millions d'euros infligée début 2020 par l'ANRT suite à une plainte d'Inwi pour pratiques anti-concurrentielles concernant la mise en œuvre du dégroupage, celui-ci demeure encore très partiel à l'été 2020. À la demande de son principal actionnaire la *holding* royale El Mada, Inwi a d'ailleurs été contrainte d'arrêter ses poursuites. Les opérateurs télécom et Maroc Télécom en particulier sont un des principaux contributeurs au trésor marocain ce qui expliquerait également qu'en 2018, les trois opérateurs aient pu conjointement interdire les services de voix sur IP Skype, WhatsApp et Viber, coûtant ainsi plus de 320 millions de dollars à l'économie marocaine.

---

[81] Dépêche de l'agence Ecofin du 13 janvier 2016.

[82] Source : Le Matin, 26/08/19

Maroc Télécom est également un vecteur de l'action diplomatique du roi du Maroc en Afrique subsaharienne. Le premier investissement à l'étranger de Maroc Télécom a ainsi été réalisé en Mauritanie en 2001 avec le rachat de 54% de l'opérateur historique Mauritel. Ce rachat a été permis par l'action diplomatique de Mohammed VI, qui a invité le chef d'État mauritanien aux obsèques de son père, permettant ainsi au roi d'effectuer en 2001 le premier voyage d'un souverain marocain en Mauritanie depuis l'indépendance. On note également que les étapes suivantes de l'internationalisation seront le Burkina Faso, avec l'acquisition d'Onatel en 2006, et le Mali, avec l'acquisition de l'opérateur historique Sotelma en 2009. Il s'agit à chaque fois d'opérateurs historiques acquis par Maroc Télécom à l'issue de processus de privatisation.

Ces premiers investissements ont lieu dans un espace géographique de première importance pour la sécurité marocaine, et qui constitue la sphère d'influence historique du Maroc (voir chapitre 1, titre I). La présence du Ministère de l'Intérieur au conseil de surveillance du groupe laisse penser que des liens étroits existent entre le groupe et le Ministère de l'Intérieur.

Les investissements ultérieurs ont lieu dans des pays partenaires stratégiques du Maroc. Il s'agit du Gabon, avec le rachat de Gabon Télécom en 2007 puis en 2015 à l'issue de la reprise de la participation de Vivendi par Etisalat. La reprise du groupe Atlantique Télécom, filiale d'Etisalat, permet à Maroc Télécom de consolider ses positions au Burkina Faso et au Gabon et d'être présent au Bénin, en République Centre Africaine, en Côte d'Ivoire, au Niger et au Togo. En 2019, le groupe prend pied au Tchad via le rachat de Tigo Tchad.

Au fil des ans, Maroc Télécom est devenu un acteur important des télécommunications au Gabon et en Côte d'Ivoire, qui avec l'Afrique du Sud font partie des trois principaux fournisseurs du Maroc. La Côte d'Ivoire est en outre - avec le Sénégal et le Nigéria - l'un des principaux acheteurs de produits marocains. Le Gabon ne fait pas partie de la sphère d'influence traditionnelle du Maroc ; les liens entre les deux pays se sont développés entre Hassan II et Omar Bongo, puis consolidés par Mohammed VI et Ali Bongo. Le Gabon est le premier fournisseur d'hydrocarbures du royaume.

La stratégie poursuivie par Maroc Télécom, si elle sert les intérêts diplomatiques du Royaume, s'inscrit dans une stratégie de type B de développement vers l'Afrique subsaharienne. Il s'agit pour Maroc télécom de bénéficier de la croissance des économies subsahariennes et des fonds internationaux, dans le cadre de la diplomatie de pont mentionnée dans le chapitre 1 (titre I). Maroc Télécom a ainsi pu bénéficier des financements de la Banque Mondiale comme le *Regional Communication Infrastructure Programme* dans son volet Afrique de l'Ouest ou encore des financements de la Banque Africaine de Développement et de la Banque de Développement Islamique pour le projet ECOWAN dont l'objectif est de développer l'infrastructure fibre optique en Afrique de l'Ouest.

Au fil des ans, Maroc Télécom a déployé l'un des principaux réseaux de fibre-optique africain. Aux 25 000km du réseau marocain de Maroc Télécom s'ajoute un réseau panafricain de 5 300km qui devra à terme connecter le Maroc au Burkina Faso via la Mauritanie et le Mali. Ce réseau terrestre doit être doublé à partir de fin 2020 par un câble sous-marin qui reliera au Maroc les filiales du groupe situées sur l'arc atlantique : Gabon, Bénin, Togo, Côte d'Ivoire, Mauritanie. Avec plus de 60 millions de clients sur dix pays africains (dont environ la moitié au Maroc), et plus de 3 milliards d'euros de chiffre d'affaires, Maroc Télécom est en 2020, derrière MTN, Vodafone, Orange et Airtel l'un des principaux groupes de télécommunication panafricains.

Enfin, le rachat en 2014 par le groupe émirati Etisalat de la part détenue par Vivendi est aussi symptomatique d'un Maroc qui diversifie ses alliances, et de pays du Golfe qui cherchent depuis 2011 à étendre leur influence en Afrique du Nord et à agir comme des forces contre-révolutionnaires, comme en Égypte, ou à soutenir les économies de pays comme le Maroc via des investissements importants. Ce rapprochement est visible sur le plan économique - les Émirats Arabes Unis sont ainsi devenus sur la période 2014-2018, le deuxième investisseur étranger au Maroc avec 13% des flux (21% pour la France)[83]-, sur le plan politique – invitation par l'Arabie Saoudite du Maroc et de la Jordanie à rejoindre en 2011 le Conseil de Coopération du Golfe – et sur le plan militaire – financement par l'Arabie Saoudite et les Émirats d'un système de surveillance électronique fourni par les États-Unis (chapitre titre II).

La Carte en annexe 2 fait apparaître une étroite corrélation entre les flux d'IDE du Maroc vers l'Afrique durant la dernière décennie et les implantations de Maroc Télécom. Les pays comme la Mauritanie, où il n'y a pas eu de flux d'IDE notables durant la période 2010-2019,

[83] Source Direction Générale du Trésor 2019

sont de fait des pays où Maroc Télécom a investi dans la décennie précédente.

Tout en illustrant la stratégie de type B décrite dans ce chapitre, cette carte montre en outre combien la stratégie de déploiement de Maroc Telecom est alignée sur la stratégie diplomatique du royaume. Les pays dans lesquels l'opérateur est déployé sont de fait les deux premiers cercles de la diplomatie marocaine décrits dans le chapitre 1 (titre I).

La tentative avortée de renforcement de sa présence au Niger par le rachat d'Orange Niger en 2019, et le rachat la même année de Tigo au Tchad, montrent également l'importance que le Maroc accorde au contrôle des communications dans la bande sahélienne, dont la stabilité est d'une importance capitale pour le pays.

2. Les autres acteurs marocains du numérique

Nous nous attacherons ici à étudier les stratégies mises en place par les principaux acteurs du numérique marocain dans les secteurs du numérique où le Maroc est présent. Les secteurs que nous avons identifiés sont : l'édition de logiciel, l'*offshoring* et la monétique. Nous ne disposons malheureusement pas de données sur la valeur des IDE réalisés par ces entreprises en Afrique et dans le Monde. Les télécommunications représentant 35% des IDE marocains en Afrique, nous estimons que la part des IDE de ces entreprises est faible.

Les deux principaux éditeurs de logiciels marocains sont Involys et Medtech. Le groupe Medtech a été créé en 1992, par Saïd Rkaibi. Ce centralien a d'abord développé une activité d'intégration de logiciel avant de devenir éditeur et de diversifier son groupe par des acquisitions et des créations qui lui ont permis de couvrir un spectre très large des technologies de l'information : édition de logiciels de type ERP (*Enterprise Resource Planning*[84]), intégration de solutions de paiement, intégration de solutions réseaux et télécom, intégration de solutions de cybersécurité, solutions de monétique - avec une prise de participation majoritaire dans le spécialiste de la monétique S2M, coté à la bourse de Casablanca.

La société a connu à partir de 2016 un fort développement, rendu possible par l'entrée au capital, du fonds de capital développement espagnol Mediterrania Capital Partners, qui a pris une participation de

[84] Progiciel qui permet de gérer l'ensemble des processus d'une entreprise

18% pour environ 7 millions d'euros. Cette arrivée de liquidités a permis à la société de réaliser des prises de participation, souvent majoritaires, dans des sociétés marocaines comme IB Maroc, S2M, Uniforce, Dimension Data Maroc, Editinfo-IT. Le groupe a également bénéficié de financements publics européens comme ceux de la BERD qui a effectué un prêt de 2 millions d'euros en 2019, afin que S2M puisse développer des outils de lutte contre la fraude utilisant le *Big Data* et le *Machine Learning*[85].

Dès sa création Medtech a adopté une stratégie de type B en se développant en Afrique de l'Ouest. Medtech a gagné des contrats en Afrique de l'Ouest francophone, ainsi que dans des pays anglophones comme la Sierra Leone, voire dans des pays du Maghreb comme la Tunisie où le groupe produit plus de 17 millions de cartes de paiement par an via la société S2M.

Le groupe a plus récemment mis en place une stratégie de pivot (type C) en développant dans la deuxième partie des années 2010 des implantations commerciales en France et au Benelux. En 2018, le groupe a même gagné un contrat au Moyen-Orient avec *l'Iraq Electronic Gate for Financial Services*. En 2018, ce groupe diversifié réalise un chiffre d'affaires d'environ 100 millions d'euros, sur plus de vingt pays (voir figure 11), réparti entre la finance (40%), le secteur public (30%) et les télécommunications (10%).

---

[85] Le Machine Learning ou apprentissage artificiel est un champ d'étude de l'Intelligence Artificielle (IA) fondé sur des approches mathématiques et statistiques pour donner aux ordinateurs la capacité d'apprendre et d'améliorer leurs performances à résoudre des tâches sans être explicitement programmés pour chacune.

Figure 11 : Présence internationale de Medtech

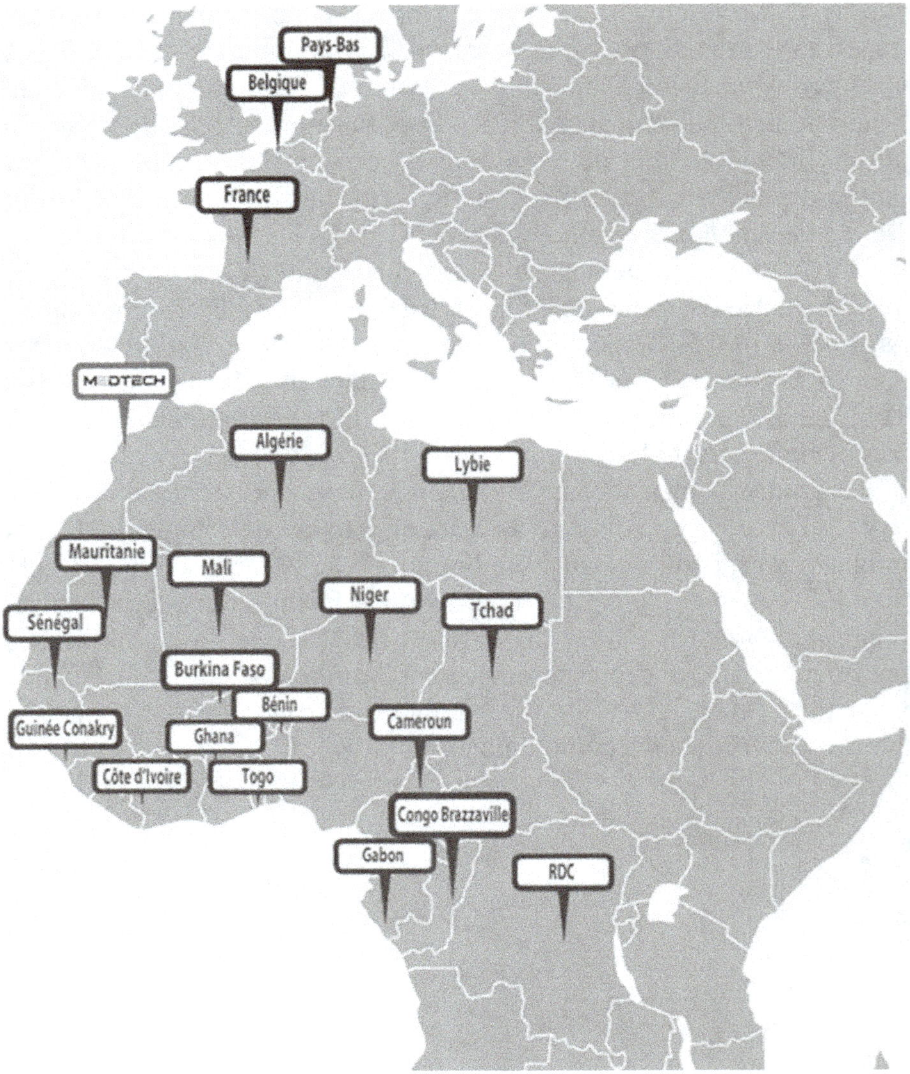

Source : www.medtech.ma

L'autre acteur important de l'édition de logiciels au Maroc est la société Involys qui propose des solutions de gestion pour les entreprises : gestion budgétaire, valorisation du patrimoine mobilier et immobilier, gestion de projet et promotion immobilière. La société Involys illustre les stratégies de type B (développement vers l'Afrique subsaharienne). Créée il y a environ 30 ans, la société est cotée en Bourse à Casablanca et réalise un chiffre d'affaires d'environ 4 millions d'euros, ce qui est peu pour des standards européens dans le domaine du logiciel, mais positionne pourtant Involys comme un des principaux acteurs du secteur au Maroc. Involys réalise entre 40 et 45% de son chiffre d'affaires à l'export et est très fortement liée au Gabon, où la société possède une filiale. Elle est également présente au Sénégal, en Côte d'Ivoire et au Cameroun, qui sont comme le Gabon d'importants partenaires économiques du Maroc.

Le développement de cette société est sans doute lié à la force de groupes immobiliers marocains comme le groupe Ynna Holding[86], ou le groupe Addoha Douja[87], qui ont commencé très tôt leur développement en Afrique, ainsi qu'à des liens privilégiés avec le pouvoir politique marocain. L'actionnaire de référence d'Involys est de fait depuis 2006 la société AM Invest, véhicule financier du fonds d'investissement franco-marocain Altamed créé en 2005 par Bassim Jaï Hokimi. Bassim Jaï Hokimi est depuis 2019 le PDG d'Involys, remplaçant ainsi Mohamed Bachir Rachdi, nommé par le roi à la tête de l'Instance Nationale de la Probité, de la Prévention et de la lutte contre la Corruption (INPPC).

Le secteur de l'*offshoring* est dominé par des spécialistes européens de l'*outsourcing* comme Webhelp (France), Arvato (Allemagne), Téléperformance (France) ou des multinationales comme Dell, IBM, Atos. Ce secteur a cependant permis l'émergence d'acteurs marocains comme Intelcia et Outsourcia.

Intelcia, créée en 1997 par Karim Bernoussi (diplômé de l'École Nationale Supérieure des Télécommunications de Paris), est en 2019 l'un des cinq principaux acteurs francophones de la relation client. Le groupe se place au troisième rang marocain, derrière Webhelp et Arvato, et au neuvième rang en France. Il a réalisé en 2018 un chiffre d'affaires d'environ 200 millions d'euros, dont environ la moitié au Maroc où il possède 12 sites et emploie près de 8 000 personnes.

La stratégie adoptée par Intelcia a d'abord été une stratégie de type D : la première implantation du groupe s'est effectuée en France dès 2009. Le groupe réalise désormais près du quart de son chiffre d'affaires en France et y emploie plus de 2 000 personnes sur un total de 14 000. Ces implantations en France ont permis à Intelcia d'offrir des services haut de gamme à des donneurs d'ordre comme le groupe Altice, dont Intelcia gère près de 65% du service client.

---

[86] fondé en 1948 par Miloud Chaâbi

[87] Promotion créée à la fin des années 1980 par Anas Sefrioui

Intelcia a plus récemment adopté une stratégie de type C (stratégie de pivot à cheval entre l'Afrique et l'Europe), et réalisé des investissements dans 5 pays d'Afrique subsaharienne : le Cameroun en 2016, où elle emploie 1 000 collaborateurs, le Sénégal en 2016 également, avec 950 collaborateurs sur 2 sites, Madagascar et Maurice en 2017 avec respectivement 1 300 et 700 collaborateurs, et la Côte d'Ivoire avec 700 collaborateurs.

Ce développement résulte d'une double nécessité. Intelcia peine d'une part à trouver au Maroc des recrues avec les qualifications techniques et linguistiques requises en nombre suffisant. Intelcia doit d'autre part offrir à ses clients des services *low cost* pour lesquels l'Afrique subsaharienne francophone est particulièrement adaptée. Les sites marocains avec leur position de *nearshore* ou ceinture de délocalisation proche, comme la Roumanie en Europe de l'Est et la Tunisie, et leurs coûts de main-d'œuvre plus élevés, par rapport au Sénégal ou à la Côte d'Ivoire sont de fait réservés à des services à plus forte valeur ajoutée.

On note également que le développement international d'Intelcia s'est accéléré à partir de 2016 quand le groupe français Altice a racheté 65% des parts d'Intelcia. Comme Medtech, Intelcia ne semble pas avoir été en mesure de trouver au Maroc de partenaires financiers susceptibles de l'accompagner dans son développement. Appuyé sur Altice le groupe semble désormais en mesure de mettre en œuvre une stratégie de développement mondial, puisqu'il prévoit un chiffre d'affaires 2020 d'environ 300 millions d'euros[88], et envisage après s'être implanté au Portugal une implantation aux États-Unis sans doute pour accompagner son partenaire Altice.

De taille plus modeste, le groupe marocain Outsourcia semble suivre une trajectoire similaire. Fondé en 2003 par le Marocain Youssef Chraïbi peu après sa sortie d'HEC, le groupe a réalisé en 2019 un chiffre d'affaires d'environ 25 millions d'euros et emploie près de 2 000 personnes. Le groupe a d'abord investi en France – rachat d'une société en Normandie et création d'une autre société – avant de prendre une participation majoritaire dans la société française Scemi qui lui a permis de s'implanter à Madagascar où Scemi emploie près de 650 personnes. Outsourcia a depuis réalisé un investissement au Niger. La stratégie mise en place par Outsourcia est également une stratégie de « pivot » ou stratégie de type C.

---

[88] chiffre pré-Covid19

Comme Intelcia, Outsourcia a dû faire entrer à son capital un partenaire étranger pour accélérer son développement : le fonds de capital développement AfricInvest basé à Tunis.

Enfin, les raisons qui ont conduit Outsourcia à s'implanter en France puis en Afrique sont similaires à celles d'Intelcia. Outsourcia a également envisagé une implantation en Europe de l'Est afin de compléter le panel de langues européennes offertes à ses clients.

Pour compléter cette analyse des stratégies développées par les acteurs privés du numérique, il convient de se pencher sur le secteur de la monétique où le Maroc a réussi à faire émerger des acteurs mondiaux, qui ont au fil des ans déployé des stratégies de type E. Ces acteurs sont S2M (évoquée précédemment car passée sous contrôle de Medtech), HPS et M2M Group.

HPS a été créée en 1995 par Mohamed Horani. La trajectoire de Mohamed Horani est différente de celles des entrepreneurs mentionnés précédemment : il n'a pas fait d'études en France. Diplômé de l'INSEA au Maroc, il a commencé sa carrière au ministère du plan avant de rejoindre la Sacotec (filiale de l'Omnium Nord-Africaine qui est passée sous le contrôle de la famille royale via la SNI en 1980) dont il sera le directeur entre 1977 et 1982. Après un bref passage chez Bull Maroc, il deviendra le directeur général de la S2M entre 1984 et 1995, avant de créer HPS.

Le système lancé par HPS en 1995 sous l'appellation Powercard est une suite logicielle intégrée et modulaire qui permet aux clients de disposer d'une gestion intégrée de paiements électroniques. L'expansion internationale d'HPS a commencé dès la création de la société : dès 1996, la société gagne un marché avec la Bank of Kuwait and Middle East. En 1997 c'est le marché européen, en 2003 la création d'une filiale à Dubaï et la signature d'un partenariat avec la société de crédit japonaise ACOM, qui permet à HPS de prendre pied sur le marché nippon.

En 2018, HPS réalise un chiffre d'affaires de plus de 60 millions d'euros et emploie 500 collaborateurs sur 10 sites : le continent africain avec son siège marocain et sa filiale en Afrique du Sud, l'Europe avec les sites de Paris, Lille, Sophia, Lausanne et le siège européen d'Aix en Provence, Dubaï au Moyen-Orient et Singapour en Asie.

La répartition du chiffre d'affaires d'HPS reflète cette stratégie mondiale : en 2018 l'Afrique représente 45% du chiffre d'affaires, l'Asie et le Moyen-Orient 20% et l'Europe et les Amériques 35%. Au

Maroc, HPS a une part de marché de 60% devant la pionnière S2M et malgré la concurrence mondiale d'acteurs comme ACI, PaySYS et Atos.

M2M Group a été fondé en 1989 par Redouan Bayed. Titulaire d'une maîtrise et d'un DESS en électronique de l'Université Pierre et Marie Curie à Paris, Redouan Bayeb a commencé sa carrière comme directeur technique de l'entreprise française Innovatron, dirigée par Roland Moreno, l'inventeur de la carte à puce.

En 2019, la société réalise un chiffre d'affaires d'environ 20 millions d'euros. Ses solutions de paiement numérique sont déployées dans 60 pays dont une vingtaine de pays africains auprès de 300 clients. M2M Group est une véritable société technologique qui emploie 320 personnes et investit environ 13% de son chiffre d'affaires dans la recherche et développement.

Des points communs ressortent de ces différentes trajectoires. Les champions marocains du numérique ont été créés par des entrepreneurs marocains formés en France (à l'exception de Mohamed Horani). Le secteur de la monétique est le premier secteur qui a permis l'émergence d'acteurs marocains avec des stratégies mondiales (type E). Les acteurs marocains de l'*offshoring* ont d'abord mis en place des stratégies dite de « pivot » (type C), avant d'investir plus récemment en Afrique subsaharienne. À l'exception d'Intelcia aucun des acteurs de l'*offshoring* ne semble avoir mis en place de stratégie mondiale (type E). Les acteurs du logiciel ont, dès leur création, développé des stratégies africaines (type B). Medtech semble être le seul acteur à avoir atteint la masse critique suffisante pour investir en Europe et mettre en place une stratégie de type C.

En dehors de Maroc Télécom, aucun des acteurs marocains du numérique n'a pu dépasser le stade d'entreprise de taille intermédiaire. Malgré ses 14 000 employés, Intelcia n'a pas encore atteint les 300 millions d'euros de chiffre d'affaires. Cela peut s'expliquer par différents facteurs : la taille modeste du marché marocain qui rend l'émergence de grands groupes difficile, mais aussi la difficulté des groupes à trouver des financements : sur les 6 entreprises citées, 3 ont dû avoir recours à des partenaires non marocains pour continuer leur développement, Intelcia ouvrant son capital au groupe Altice, Medtech au fonds de capital développement espagnol Mediterrania Capital Partners et Outsourcia au fonds de capital développement tunisien AfricInvest.

Les facteurs clés de succès de ces entreprises ont été :

- La capacité à anticiper des ruptures technologiques ou managériales (*downsizing* et paiement sans-contact dans la monétique, *outsourcing* pour les acteurs de l'*offshoring*, numérisation pour les éditeurs de logiciels).
- La proximité géographique et culturelle avec la France pour le secteur de l'*offshoring*.
- L'existence d'un secteur bancaire important structuré au Maroc avec des acteurs comme Attijariwafa Bank, la Banque Populaire ou la BMCE qui s'est lancé relativement tôt dans la numérisation.
- Une transformation numérique des administrations marocaines commencée tôt : dématérialisation des services douaniers avec BADR (2019), transformation digitale des impôts avec la dématérialisation des déclarations d'impôt des entreprises par la DGI[89] dès 2015.

II. DES RELATIONS FORTES AVEC LES PARTENAIRES HISTORIQUES

Après avoir étudié les stratégies mises en place par les entreprises marocaines du numérique, il convient de changer d'échelle et d'étudier les relations du Maroc avec ses partenaires historiques, l'Union Européenne et particulièrement la France et les États-Unis. Cette étude sera faite sur deux volets : les investissements directs étrangers dans le domaine du numérique et les relations établies d'État à État dans le domaine du cyber.

1. L'Union Européenne et la France

La montée du risque cyber a amené l'Union européenne à créer l'ENISA (*European Network and Information Security Agency*) en 2004. La politique de l'Union européenne en matière de cybersécurité a été formalisée pour la première fois en 2006 dans un document intitulé « *EU Strategy for a secure information society* » (Commission des Communautés Européennes, 2006). Ce document souligne l'importance du développement capacitaire en matière de cyber

[89] Direction Générale des Impôts

défense, dans un contexte de prolifération des cyberattaques[90] contre les infrastructures de communication publiques.

La cybersécurité est ensuite hissée au rang des priorités des actions extérieures de l'Union Européenne dans un rapport de 2008 (Commission des Communautés Européennes, 2008) sur la stratégie européenne de sécurité adoptée en 2003. Ce rapport est publié un an après une cyberattaque d'hacktivistes[91] pro-russes en Estonie, qui a rejoint l'Union Européenne 4 ans plus tôt. Depuis 2007, le cyberespace est de fait considéré comme un théâtre d'opérations.

Les premières actions de l'Union Européenne avec le Maroc remontent à 2013 avec le lancement du programme GLACY[92]. Ce programme s'inscrit dans la stratégie commune de cybersécurité publiée en 2013 qui prône l'instauration d'une politique internationale de l'Union Européenne en matière de cyberespace. Ce document prévoit la mise en place de moyens accrus en matière de cybersécurité, ainsi que des infrastructures informatiques résilientes dans les pays tiers.

Le programme GLACY, doté d'un budget modeste (3,35 millions d'euros), s'étend de 2013 à 2016 ; il doit permettre aux autorités judiciaires pénales de pays tiers de s'engager dans la coopération internationale en matière de cybercriminalité et de preuve électronique sur le fondement de la Convention de Budapest[93] sur la cybercriminalité. C'est un programme conjoint entre l'Union Européenne et le Conseil de l'Europe[94] qui entend permettre la mobilisation des responsables politiques des pays tiers, l'harmonisation de la législation, la formation judiciaire, le renforcement des moyens des organes de répression. Le programme GLACY+ prend la suite du programme GLACY à partir de 2016. Il est doté d'un budget de 10 millions d'euros.

---

[90] Acte malveillant envers un système informatique

[91] Hackeur (i.e. spécialiste de l'informatique recherchant les moyens de contourner les protections logicielles ou matérielles des systèmes d'information) spécialisé dans l'activisme par le moyen d'action ou d'attaques informatiques

[92] *Global Action on CYbercriminality* ou Action Globale sur la Cybercriminalité

[93] Premier traité international (signé en 2001 et entré en vigueur en 2004) qui tente d'aborder la cybercriminalité en harmonisant certaines lois nationales, en améliorant les techniques d'enquête et en augmentant la coopération entre les nations.

[94] Organisation internationale instituée le 5 mai 1949 par le traité de Londres qui rassemble 47 États membres par le biais de normes juridiques dans les domaines de la protection des droits de l'homme, du renforcement de la démocratie et de la prééminence du droit en Europe.

Parallèlement à ces programmes, le Conseil de l'Europe a initié avec le Maroc une coopération dès 2012. Cette coopération vise à créer un espace juridique commun entre l'Europe et le Maroc. Un processus de coopération avec la CNDP, équivalent marocain de la CNIL, a été initié dès 2015 dans le cadre du partenariat de voisinage 2015-2017 avec le Maroc. Ce partenariat intègre également les programmes GLACY et Cyber Sud. Un nouveau partenariat de voisinage est signé pour la période 2018-2021.

La relative faiblesse des moyens affectés aux pays du Sud est partiellement comblée à partir de 2017. Le Maroc peut alors bénéficier du programme Cyber Sud, dont les objectifs sont similaires à ceux de GLACY, mais qui est prioritairement dédié à des pays de la rive sud de la Méditerranée : l'Algérie, la Jordanie, le Liban, la Tunisie et le Maroc. Le budget de ce programme est de 3,35 millions d'euros sur la période juillet 2017 - juin 2020. Les principaux partenaires marocains de l'UE dans le cadre de ces programmes sont la Direction Générale de la Sécurité Nationale, la DGSSI (équivalent marocain de l'ANSSI), la CNDP, le Ministère de la Justice, l'institut Supérieur de la Magistrature et le Ministère du Commerce et de l'Industrie.

L'action de l'UE vis-à-vis de son voisinage est renforcée à partir de 2018 suite à l'adoption du Règlement sur la Cybersécurité. Ce règlement fait suite à une communication de 2017 intitulée « Résilience, dissuasion et défense : doter l'UE d'une cybersécurité solide » (Haute Représentante de l'UE pour la politique étrangère et la politique de sécurité, 2017). Cette communication est issue d'un double constat. D'une part, l'incidence économique de la cybercriminalité a quintuplé entre 2013 et 2017, et pourrait encore quadrupler d'ici à 2019. D'autre part, l'UE prend acte du fait que « *l'utilisation du cyberespace comme une zone de guerre, soit exclusivement, soit dans le cadre d'approches hybrides, est de notoriété publique. Campagnes de désinformation, fausses nouvelles et cyber-opérations visant des infrastructures critiques sont de plus en plus fréquentes et appellent une réaction* ». A noter que cette communication a lieu deux ans après l'invasion de la Crimée par la Russie et en pleine campagne présidentielle américaine[95].

---

[95] Durant l'invasion de la Crimée par la Russie, celle-ci a réussi à isoler la Crimée « informationnellement », au moyen de brouillage électromagnétique, sabotage des lignes de communication et cyber attaques, isolant ainsi les forces ukrainiennes en Crimée. Durant l'élection américaine le gouvernement russe aurait interféré avec le

Suite à ce règlement seront effectuées deux actions majeures. Un groupe de travail appelé *EU Cyber Capacity Building Network* est d'abord mis en place ; son principal travail consiste à mettre en œuvre et actualiser les lignes de conduite de l'UE pour mieux prioriser les actions de renforcement capacitaire[96] vis-à-vis des pays tiers. L'ENISA est ensuite restructurée et renforcée ; l'article 42 du règlement lui donne la possibilité de mettre en place des actions avec les autorités de pays tiers comme le Maroc et d'organisation internationales comme l'Union Africaine.

Les relations directes en matière cyber entre la France et le Maroc ont été importantes jusqu'à l'entrée en vigueur du Règlement sur la Cybersécurité. Dans le domaine de la protection des données personnelles, la CNIL a servi de modèle à la CNDP créée en 2009. La DGSSI créée en 2011 avec des missions similaires à celle de l'ANSSI a signé un accord de coopération avec cette dernière portant notamment sur la règlementation, la formation et la stratégie.

L'ANSSI ne mène plus, depuis peu, d'actions de renforcement capacitaire. L'agence a préféré intégrer la réflexion interministérielle menée par le quai d'Orsay qui devra permettre de produire une stratégie en matière cyber. Il est probable que, depuis l'entrée en vigueur du Règlement sur la Cybersécurité, le Ministère des Affaires Étrangères préfère s'appuyer sur l'UE pour ses actions de renforcement capacitaire.

Les bons rapports qui existent entre la France et le Maroc sur les questions cyber expliquent en partie, sans doute, que le Maroc fasse partie des signataires de l'Appel de Paris pour la confiance et la sécurité dans le cyberespace, lancé le 12 novembre 2018 par la France, à l'occasion de la réunion à l'UNESCO du Forum de Gouvernance de l'Internet. Les relations d'État à État entre la France et le Maroc dans le domaine cyber se poursuivent également par le biais de l'OTAN, dont le Maroc est un partenaire.

Depuis la création de la DGSSI en 2011 et la numérisation des administrations marocaines, les entreprises européennes ont pu bénéficier de nombreux contrats publics : système de permis de

---

processus électoral grâce à l'emploi de différentes actions dans le cyberespace (infox, utilisation de trolls, hacking de comptes mail…)

[96] Le renforcement capacitaire ou *capacity building* est le processus par lequel des organisations obtiennent, améliorent et conservent, les compétences, les connaissances, les outils, l'équipement et les ressources nécessaires à l'accomplissement de leurs missions

conduire électronique fourni par un consortium associant la société marocaine M2M avec le français Sagem (maintenant Morpho) et Attihari Capital Risque en 2007, système Gemalto pour le passeport biométrique en 2008. Dans le domaine cyber, l'État marocain a investi dans les technologies de différentes sociétés européennes : système de surveillance Eagle de la société française Bull Amesys en 2011[97], et achat en 2017 du système de surveillance Evident System au britannique BAe[98].

L'analyse des flux d'IDE vers le Maroc (voir figure 12) montre que, sur les dix dernières années, la grande majorité (plus de 80%) des investissements réalisés au Maroc dans le domaine du numérique sont en provenance de l'Union Européenne. Les sommes investies sur 10 ans ont été d'environ 150 millions d'euros par an en moyenne. Nous n'avons pu obtenir de détails sur la nature de ces flux, mais l'occurrence de pic d'IDE en 2010 et 2015 laisse penser que l'essentiel de ces flux a eu lieu dans le secteur des opérateurs de télécommunications. L'année 2010 n'est-elle pas celle où Orange (alors France Telecom) acquiert 40% de l'actionnariat de Méditel. L'année 2015 a, quant à elle, été celle de l'exercice d'une option d'achat sur environ 10% du capital.

Figure 12 : Analyse des IDE au Maroc 2010-2019

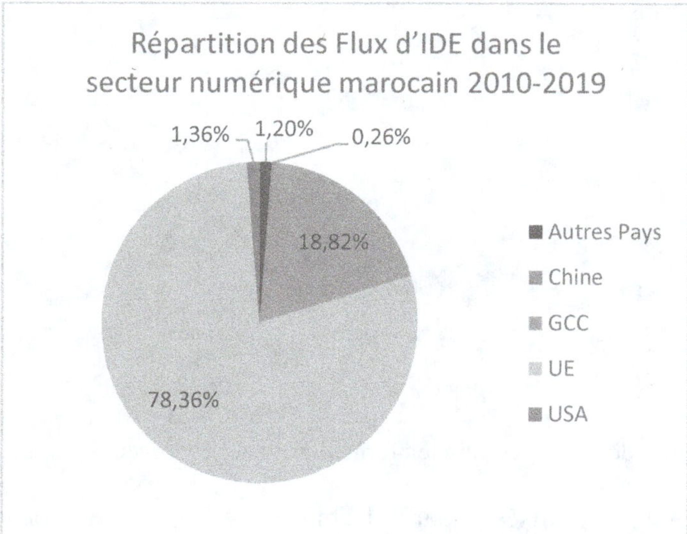

[97] Source Privacy International

[98] Source BBC News

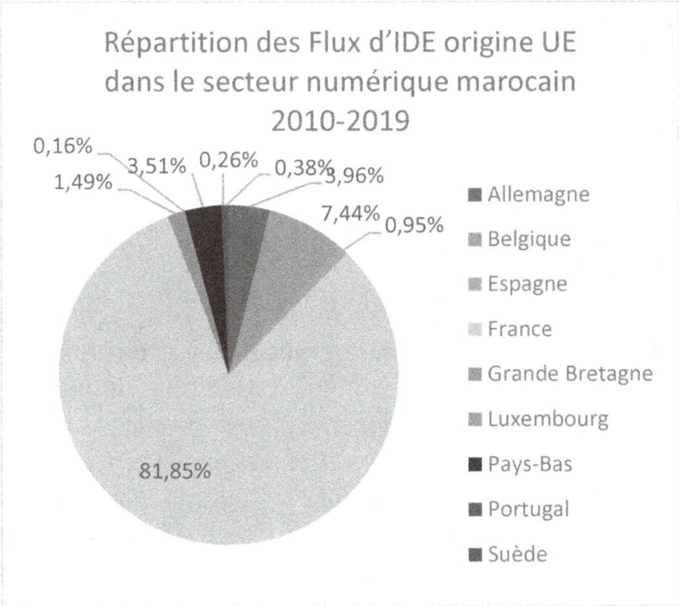

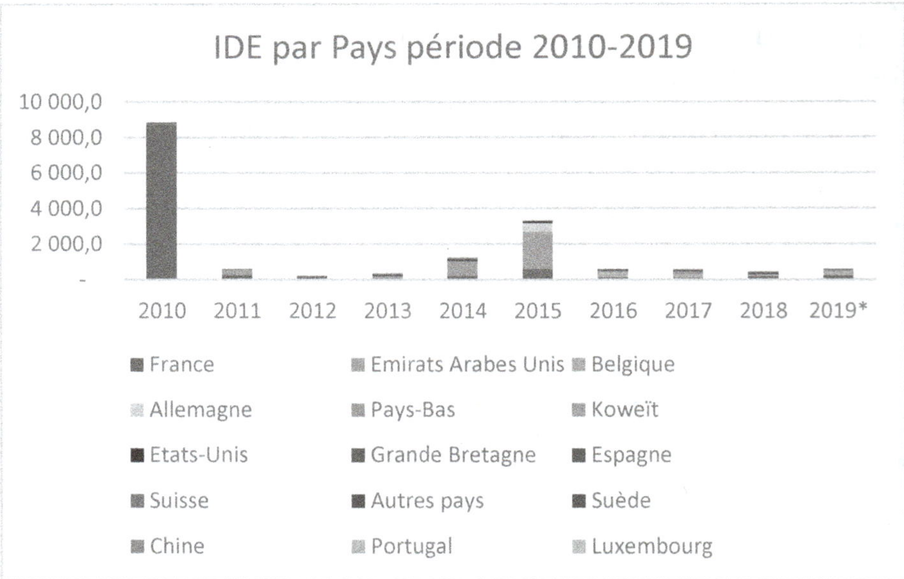

Source : Office des Changes, mise en forme Bertrand Le Gorgeu

Les IDE réalisés par l'Union européenne proviennent essentiellement de France (plus de 81% des IDE réalisés dans le numérique sur la période). Viennent ensuite la Belgique (7,5%), l'Allemagne (3,10%), les Pays-Bas (2,75%), la Grande-Bretagne (1,17%), l'Espagne (0,75%), la Suède (0,30%), le Portugal (0,20%) et le Luxembourg. Le poids de la Belgique doit cependant être relativisé, car une partie des investissements du Groupe Orange au Maroc sont réalisés via des sociétés *holding* belges (Henni, 2013).

Le poids des entreprises européennes dans le chiffre d'affaires 2018 des principaux acteurs du secteur numérique marocain est également représentatif de l'importance de l'UE dans ce secteur (voir figure 13). Avec plus de 911 millions d'euros de chiffre d'affaires, les entreprises européennes sont le deuxième contributeur (plus de 21%) au chiffre d'affaires du secteur derrière les entreprises marocaines (près de 74%).

Figure 13 : Origine géographique des 50 premiers acteurs du numérique marocain en 2018

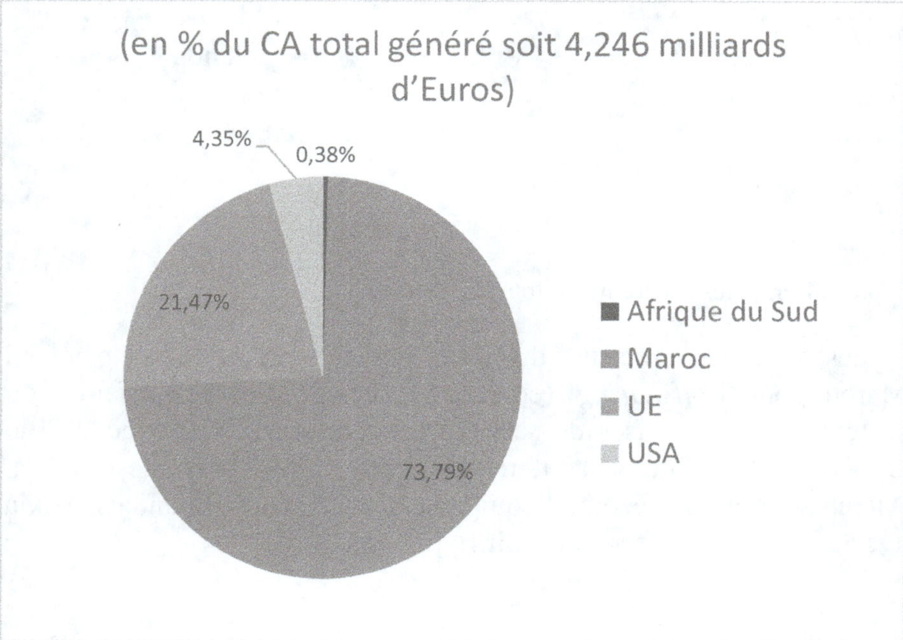

Source : Kerix, mise en forme Bertrand Le Gorgeu

Là encore, les entreprises françaises arrivent en tête avec plus de 80% du chiffre d'affaires des entreprises européennes (voir figure 14). Cette prévalence est en partie due à Orange, qui a réalisé au Maroc un chiffre d'affaires de plus de 500 millions d'euros (et plus de 60% du chiffre d'affaires des entreprises européennes). Cependant, soustraction faite d'Orange, les entreprises françaises du numérique réalisent un chiffre d'affaires de près de 200 millions d'euros, loin devant l'Espagne (69 millions d'euros), la Finlande (47 millions d'euros), l'Allemagne (29 millions d'euros) et l'Italie (20 millions d'euros).

Figure 14 : Origine géographique des principales entreprises européennes

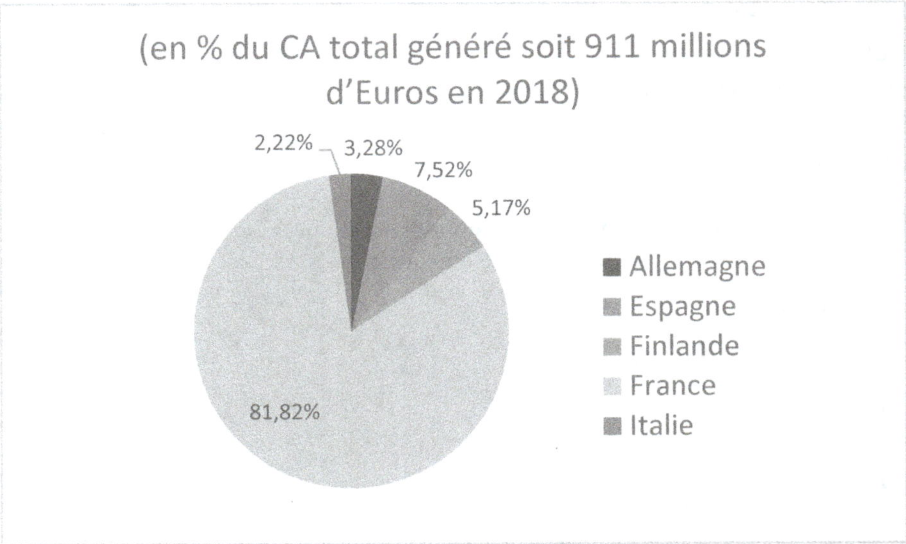

Source : Kerix, mise en forme Bertrand Le Gorgeu

Les principaux secteurs d'activité des entreprises européennes au Maroc sont l'*offshoring* (environ 16% du chiffre d'affaires du secteur), les entreprises de services numériques (ESN) avec 9% du chiffre d'affaires du secteur, répartis entre SAP North West Africa, Alten, Atos et Sofrecom, l'équipementier télécom finlandais Nokia avec environ 5% du secteur (voir figure 15).

Figure 15 : Répartition par activité des entreprises européennes en 2018

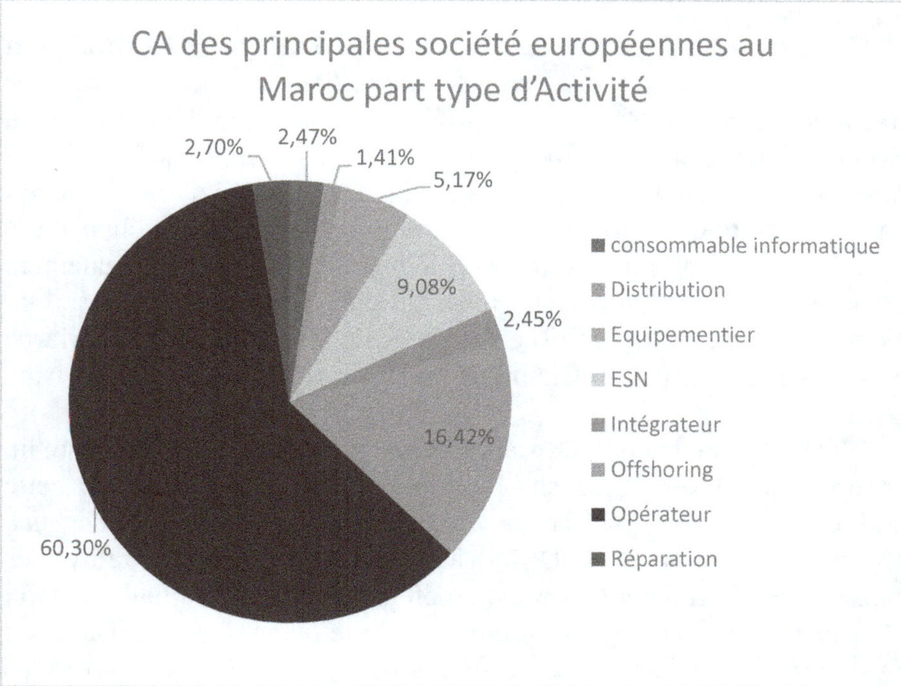

Source : Kerix, mise en forme Bertrand Le Gorgeu

2. Les États-Unis

Les États-Unis sont un important partenaire du Maroc en matière de renforcement capacitaire cyber. Les actions des États-Unis semblent être menées essentiellement par le biais de l'OTAN, dont ils sont le principal contributeur.

L'OTAN a mis en place en 1994 le dialogue méditerranéen avec sept pays de la rive Sud : l'Algérie, l'Égypte, Israël, la Jordanie, la Mauritanie, la Tunisie et le Maroc. Le Dialogue méditerranéen de l'OTAN part du principe selon lequel la sécurité en Europe est étroitement liée à la sécurité et à la stabilité en Méditerranée. Il s'agit pour l'OTAN de s'adapter à l'environnement de sécurité de l'après-Guerre froide. Le Maroc a en outre obtenu en 2004 le statut de *Major Non NATO Ally*[99], comme récompense à son engagement au côté des

[99] Les avantages du statuts de MNNA sont la possibilité de participer à des projets de recherche et développement coopératifs avec le ministère de la Défense (DoD), la participation à certaines initiatives de lutte contre le terrorisme, l'achat d'obus

États-Unis dans leur « guerre mondiale contre la terreur » depuis le 11 septembre 2001 (BBC News, 2004).

Ce statut a ainsi permis au Maroc de se doter en 2018 (Botbol et Gastineau, 2018) de 4 avions *d'Intelligence, Surveillance & Reconnaissance* (ISR). Ces appareils, fabriqués par Gulfstream ou Bombardier, sont équipés de systèmes embarqués *Signal Intelligence* (SIGINT) et *Electronic Intelligence* (ELINT) développés par le groupe américain Raytheon. Le groupe israélien Elta Systems, filiale d'Israel Aerospace Industries (IAI), aurait également été un sous-traitant du projet, qui aurait été financé par le Conseil de Coopération du Golfe (CCG) en échange de la participation du Maroc à l'Alliance Militaire Islamique pour Combattre le Terrorisme (AMICT)[100].

L'OTAN adopte en 2008 sa première politique de cyberdéfense, un an après la cyberattaque sur l'Estonie. La mise en place de cette politique s'accompagne de la création du *NATO Cyber Defence Management Authority* (CDMA) à Bruxelles, afin de centraliser les capacités opérationnelles de cyberdéfense à travers l'alliance, et du *Cooperative Cyber Defence Centre of Excellence,* basée à Tallin en Estonie (Hughes, 2009). Les coopérations en matière cyber avec les 17 pays partenaires de l'alliance, dont le Maroc fait partie, sont envisagées dès le sommet de Bucarest de 2008, au cours duquel est exposée cette première politique.

La cyberdéfense est la première des six priorités du programme *Science for Peace and Security Programme* (SPS) destiné aux pays membres de l'alliance et à ses partenaires. Ce programme, successeur du *Science Committee* créé en 1958, finance des projets pluriannuels de R&D ou de renforcement capacitaire. Dans le domaine du cyber, il s'agit de « *faciliter une coopération mutuellement bénéfique, qui*

---

antichars à l'uranium appauvri, l'accès prioritaire aux surplus militaires (allant des rations aux navires), la possibilité de stocker du matériel de guerre du DoD, l'accès à des prêts d'équipement et de matériel dans le cadre de projets de R&D coopératifs, l'accès à des financements américains pour l'achat ou la location de certains équipements, l'accès à des programmes de formation communs, le traitement prioritaire des demandes d'exportation en cas d'acquisition de technologie spatiale, la possibilité offerte aux entreprises du pays partenaire de concourir à certains appels d'offres du DoD pour la réparation et l'entretien d'équipements militaires en dehors des États-Unis.

[100] Cette coalition a été formée à l'initiative de l'Arabie Saoudite fin 2015. Elle est destinée essentiellement à combattre le terrorisme, c'est-à-dire la rébellion des Houthis au Yémen et l'État islamique en Irak, Syrie et Libye.

inclut des efforts internationaux pour affronter les nouveaux défis de la cybersécurité ». La cyberdéfense est également couverte *de facto* dans la priorité 3, dont l'objectif est d'accroître la sensibilisation à la sécurité à travers des programmes relatifs aux technologies de sécurité et à la sécurité des frontières et des ports.

L'analyse des comptes-rendus annuels d'activité du SPS, présents sur le site de l'OTAN montre que le Maroc a pu, au moins dès 2014 et au même titre que les six autres pays du dialogue méditerranéen (dont Israël), bénéficier de projets pluriannuels en R&D appliquée et en renforcement capacitaire dans le domaine de la cybersécurité. Le Maroc a ainsi accueilli en 2014 un sommet sur la cyberdéfense de l'OTAN à Rabat, et a pu envoyer des représentants à une commission d'experts au siège de l'OTAN à Bruxelles. La commission l'a autorisé en 2015 à participer à un cours sur l'évaluation des vulnérabilités des réseaux et la maîtrise des risques.

Ces activités de formation de cadres marocains se sont poursuivies en 2016, avec un cours de dix semaines en analyse de trafic, auquel ont participé 34 stagiaires marocains. 2017 a également été l'année du lancement d'un programme pluriannuel en matière d'analyse des métadonnées ou « *big data* » et de prédiction des menaces sur le cyber. Ce programme associe le Maroc à la France et aux États-Unis. En 2018, le Maroc a participé à un cours animé par l'Allemagne sur la gestion des incidents cyber et des situations de crise, et en 2019 il a pu envoyer des observateurs à un exercice phare de l'OTAN axé sur les cyber-menaces.

Malgré la force des relations d'États qui existent entre les États-Unis et le Maroc, les États-Unis n'y ont réalisé que très peu d'investissements dans le domaine des NTIC. Sur la décennie 2010-2019, ils n'ont ainsi quasiment pas investi dans le domaine du numérique au Maroc. Le total des flux d'IDE originaires des États-Unis ne représente ainsi que 225,2 millions de dirhams, soit 1,36% (voir figure 13) des montants des IDE du numérique de la décennie. Les États-Unis avaient pourtant participé au développement de l'internet marocain, dès le début des années 1990, avec l'investissement d'USAID dans la société MTDS qui était alors le premier fournisseur d'accès à Internet (FAI) marocain à connecter les universités du pays.

La faiblesse des investissements américains laisse penser que ceux-ci sont essentiellement des investissements dans des filiales commerciales. Il est cependant possible qu'une partie des investissements des sociétés américaines passent par la Belgique, le Luxembourg, les Pays-Bas ou la Grande-Bretagne, où sont domiciliés les sièges EMEA[101] de multinationales ou certaines de leurs *holding*s financiers.

En termes de chiffres d'affaires, les entreprises d'origine américaine ne représentent que 184 millions d'euros de chiffre d'affaires soit 4,35% (voir figure 13) du chiffre d'affaires de la filière numérique marocaine. Les entreprises américaines de la filière numérique présentes au Maroc se répartissent entre les équipementiers (49,36% du chiffre d'affaires des entreprises américaines), les GAFAMI[102] (34,63%), et les distributeurs (16,01%).

Les deux seuls équipementiers américains présents sont DELL et HP. Leur chiffre d'affaires cumulé ne représente qu'un peu plus de 90 millions d'euros, et il est probable qu'une grande partie de cette somme soit des services refacturés à d'autres entités du groupe. Une grande partie des *hardware* et *software* américains professionnels sont vendus via des grossistes comme Ingram Micro North Africa et Westcon Africa. Ces deux sociétés représentent un chiffre d'affaires d'environ 30 millions d'euros. Elles vendent ces matériels à des intégrateurs qui se chargent de l'installation chez les clients finaux. Ce schéma de vente indirecte explique pourquoi un acteur comme Cisco, qui emploie plusieurs dizaines de personnes au Maroc, n'a qu'un bureau de liaison qui ne réalise aucune facturation.

Il en va de même pour d'autres acteurs majeurs comme Fortinet ou Palo Alto Networks, qui passent par le distributeur français à valeur ajoutée Exclusive Networks. Les deux seuls représentants des GAFAMI installés au Maroc sont Microsoft et IBM. Google, Apple, Facebook et Amazon ne semblent pas avoir d'entités juridiques locales. Les produits d'Apple sont vendus par des distributeurs marocains (Annexe 5).

III. Multiplication des partenariats depuis 2013

Traditionnellement proche de l'Union Européenne, notamment de la France, et des États-Unis, le Maroc développe depuis 2013 des partenariats avec d'autres acteurs. Il s'agit des organisations internationales, dans lesquelles le Maroc se montre désormais actif en

---

[101] Europe Middle East and Africa

[102] Google Amazon Facebook Apple Microsoft IBM

matière cyber, mais aussi de certains pays des BRICS et d'Israël qui sont pour le Maroc des fournisseurs alternatifs en matière de technologie voire des partenaires dans le cadre d'accords entre organismes chargés de la cyberdéfense.

1. Les organisations internationales

Les organisations dans lesquelles le Maroc participe à des discussions dans le domaine cyber sont l'ONU, l'Union Africaine et la CEDEAO.

Au sein de l'ONU, le Maroc fait partie du Groupe d'Experts Gouvernementaux (GEG ou GGE) et de l'*Open Ended Working Group* (OEWG). Le GGE a été créé en 1998 par l'assemblée des Nations Unies, à la suite d'une première résolution de la Russie de 1998. Il s'agissait d'initier des discussions sur les enjeux de sécurité des TIC. Cinq GGE ont été créés, mais seuls trois d'entre eux ont pu aboutir à un rapport de consensus. Initialement limitée à 15 états, dont les cinq membres permanents du conseil de sécurité, leur représentation s'est ensuite élargie à 25 membres. Le Maroc a été admis dans le GGE 2019/2021 au même titre que le Kenya, l'île Maurice et l'Afrique du Sud.

La création des GGE reflète la volonté des États d'inscrire leurs activités en matière cyber dans l'ordre juridique international. Il existe cependant d'importantes divergences de vues sur les modalités de régulation du cyberespace : d'un côté, des États comme les États-Unis estiment que le droit international suffit à régler les conflits dans le cyberespace et prônent des normes non contraignantes pour réguler l'espace numérique (Douzet et Géry, 2020), de l'autre, des États comme la Russie se prononcent en faveur d'un nouveau *corpus* juridique contraignant, qui complèterait le droit international via un traité (Delerue, 2020). Ces lignes de faille ont abouti à l'échec des négociations de 2016/2017, sur lesquelles avait travaillé le cinquième GGE.

À l'automne 2019, deux processus ont démarré de manière quasi simultanée : l'un, porté par la Russie et pour lequel celle-ci avait créé l'*Open Ended Working Group* (OEWG), groupe de travail à composition non limitée auquel le Maroc participe ; l'autre par les États occidentaux qui ont pour cela créé le sixième GGE, auquel le Maroc a été convié. Dans cette bataille normative, il semblerait que le Maroc se positionne dans le camp occidental. Le Maroc a de fait voté en faveur des résolutions (A/RES/73/27 et A/RES/73/266) émanant des États-Unis. Il s'est en outre abstenu lorsque l'assemblée générale, sur proposition russe, a adopté la résolution (A/RES/74/247) créant un nouveau processus de négociation chargé d'élaborer un traité sur la cybercriminalité, alors que les Occidentaux préféraient une extension de la Convention de Budapest (Douzet et Géry, 2020) - il est vrai que le Maroc est signataire de cette dernière depuis 2018. Ce relatif alignement du Maroc sur les positions occidentales se manifeste également lorsque celui-ci signe l'Appel de Paris.

Il faut pourtant noter que le Maroc n'a pas adopté les postions occidentales lors de la conférence de l'Union Internationale des Télécommunications (UIT) de Dubaï de 2012 (Annexe 2). La position du Maroc prônait comme celle de la Chine ou de la Russie un contrôle plus égalitaire d'Internet sous l'égide de l'Organisation des Nations Unies. L'alignement marocain sur l'occident doit donc être nuancé.

Ayant réintégré l'Organisation de l'Union Africaine en janvier 2017, le Maroc a désormais accès aux instances de l'organisation internationale qui travaillent sur le cyber. Le Maroc ne semble cependant pas encore très actif sur ces sujets au sein de l'UA. Il n'a pas encore signé la convention de l'Union Africaine sur la Cybersécurité et la Protection des Données Personnelles, dite convention de Malabo. De même, le maCERT ne fait pas partie de l'AfricaCERT auquel seul l'EDU CERT[103] participe.

En outre, le Maroc ne semble pas mener d'actions de renforcement capacitaire ni dans sa zone d'influence, ni en Afrique en général, à l'inverse de l'ANSI tunisienne qui a mené des actions de renforcement capacitaire en Afrique du Sud en 2010 et au Nigeria en 2014[104], en participant à la mise en place des CERT locaux. Cette différence de stratégie par rapport à la Tunisie peut s'expliquer par la relative jeunesse de la DGSSI et du ma-CERT qui ont été créés en 2011 alors que la création de l'ANSI remonte à 2004. Il est également possible que la « diplomatie » cyber du Maroc soit beaucoup plus discrète que celle d'autres pays, en raison du rattachement de la DGSSI à l'Administration de la Défense Nationale, alors que l'autorité de tutelle de l'ANSI tunisienne est civile : il s'agit du Ministère chargé des technologies de la communication.

---

[103] CERT marocain dont le périmètre est le système éducatif

[104] Source Agence Nationale de la Sécurité Informatique (ANSI) tunisienne

2. La Chine et la Russie

Parallèlement à ses relations avec l'Union Européenne et les États-Unis, le Maroc intensifie depuis 2013 ses relations avec la Chine et la Russie.

La présence chinoise au Maroc n'est pas aussi forte qu'en Algérie, où la Chine est devenue en 2016 le premier exportateur devant la France, et qui est également le troisième client de la Chine en matière d'armement. Au Maroc, la Chine n'est encore que le troisième partenaire commercial, derrière l'Espagne et la France.

La Chine n'est pas encore un investisseur visible au Maroc avec 91 millions de dollars en 2018 et des flux cumulés de 248 millions de dollars sur la période 2003-2018. La Chine n'est en outre absolument pas présente pour ce qui est des IDE dans le domaine du numérique (figure 12).

La présence chinoise dans le domaine du numérique est seulement visible par les achats de matériels de télécommunication. Pour ce qui est des équipements professionnels, Huawei est ainsi devenu le fournisseur de référence de Maroc Télécom en technologie 3G puis 4G dès 2008, remplaçant progressivement Nokia et Ericsson. La société Inwi utilise quant à elle les technologies 3G et 4G de Huawei et de ZTE, tout comme Orange où le Maroc a été un des premiers lieux d'expérimentation des technologies ZTE. Ces équipements sont achetés à Huawei et ZTE par les opérateurs, généralement sans recours à des intermédiaires, et dédouanés par les opérateurs à Tanger ou Casablanca. Les ventes de téléphones portables Huawei, ZTE ou Xiaomi sont quant à elles effectuées par des distributeurs marocains (Annexe 5).

Nous ne savons pas à ce jour quel sera l'impact au Maroc des pressions des États-Unis sur leurs alliés pour bannir les technologies 5G chinoises. Il est possible qu'elles aient des conséquences directes sur les choix technologiques d'Orange Maroc comme cela est déjà le cas avec Orange Tunisie[105]. Cela n'est pas encore clair pour des acteurs comme Maroc Télécom ou Inwi. Le statut de MNNA du Maroc laisse penser que le sujet de Huawei et ZTE sera à l'ordre du jour de la discussion au sein de l'alliance ou de la discussion bilatérale entre les États-Unis et le Maroc. ZTE et Huawei n'ont plus accès aux semi-conducteurs nécessaires à la 5G utilisant de la technologie américaine, il est donc également probable que cela renchérisse pour

---

[105] Source Ouest France 31/01/2020

un temps leurs produits et en diminue les performances, avec un impact positif sur la compétitivité des offres de sociétés comme Ericsson ou Nokia.

Des actions de la Chine en renforcement capacitaire dans le domaine cyber ne semblent pas encore à l'ordre du jour. La Chine n'est pour l'instant qu'un partenaire très récent du Maroc dans le domaine de l'armement (voir chapitre 1, titre I), et les importations du Maroc semblent limitées à des systèmes de défense anti-aérienne[106].

Les investissements chinois dans le domaine du numérique au Maroc passent également par le volet digital des nouvelles routes de la soie, ou *Belt and Road Initiative* (BRI). Le Maroc a ainsi été le premier pays africain à rejoindre la BRI. Le thème du soutien croissant du Maroc à la BRI est régulièrement repris dans les médias chinois et marocains.

En tant que participant au projet BRI, le Maroc a pu bénéficier d'investissements chinois dans les ports de Casablanca et Tanger. La Chine entend faire de Tanger une vitrine africaine en matière de ville intelligente ou *smart city*. Ce projet qui a fait l'objet d'un protocole d'entente (*Memorandum of Understanding* ou MoU) en 2017 prévoit l'implantation de 200 sociétés technologiques chinoises dans les dix prochaines années et des investissements de 10 milliards de dollars.

Des investissements chinois dans le domaine des communications se font également, de manière plus discrète, par le biais de la *China Merchant Ports* (CMPort). Il s'agit d'une des plus importantes entreprises publiques chinoises. Créée en 1872 et ressuscitée en 1979, la *China Merchant Ports* est devenue en 1992, la première société à capitaux publics chinoise cotée à la bourse de Hong Kong. Sa flotte maritime de transport la place au troisième rang mondial en 2018 (Pairault, 2018).

CMPort est un des véhicules utilisés par la Chine pour réaliser la BRI : les points d'entrée de la société en Afrique résultent de prises de participation dans des opérateurs de terminaux portuaires. Grâce à l'achat en 2013 à CMA CGM de 49% de ses parts dans Terminal Link, CMPort a accès à 14 terminaux dont 3 en Afrique dont Eurogate Tanger et Somaport Casablanca.

Présente sur les routes maritimes de la soie, CMPort est également un acteur des routes numériques de la soie, grâce à une prise de participation de l'opérateur de paiement transfrontalier IZP et la

---

[106] Source Défense & Sécurité Internationale – N°148 – Juillet – Août 2020

création de la *Silk Road E-Merchants.* L'objectif est de créer un écosystème intégrant un système d'administration des ressources portuaires, un Système d'Information Géographique (SIG) permettant de localiser les marchandises et les navires, un accès à internet, une gestion des métadonnées et des outils de dédouanement numérique. La *Silkroad E-Merchants* utilise l'infrastructure optique du câble SEA-ME-WE3 et du câble PEACE construit par Huawei Marine. Les ports de Tanger et Casablanca sont des éléments de cette infrastructure (Annexe 6). Ce système doit permettre à tous les pays de l'alliance d'échanger des informations certifiées sur une infrastructure permettant l'enregistrement en temps réel de toutes les transactions.

L'année 2017 a été celle de l'entrée du Maroc dans les Nouvelles Routes de la Soie, l'année 2014 est celle de la relance de la politique africaine de la Russie. Ce retour peut s'expliquer par trois facteurs : les sanctions occidentales en réaction à l'annexion de la Crimée, l'entrée en vigueur de l'Union Économique Eurasiatique et les frappes russes en Crimée (Kalika, 2019). L'objectif réel serait en partie lié à une volonté de relancer des échanges dans un espace non soumis à des sanctions, avec pour principaux instruments le Ministère des Affaires Étrangères et le Ministère de la Défense, mais aussi à l'affirmation d'une volonté de puissance comme le font déjà l'Inde, la Chine, le Brésil, la Turquie et Israël.

Les échanges entre le Maroc et la Russie même si très modestes sont en croissance depuis 2014 notamment grâce aux exportations de matériel militaire. Leur montant est passé de 200 millions de dollars en 2001 à plus de 2,5 milliards de dollars en 2016. Le Maroc est ainsi devenu le deuxième importateur d'armes russes d'Afrique après l'Algérie avec notamment l'achat de systèmes de défense aérienne. Dans la foulée de la visite du roi Mohammed VI en Russie en 2016, plus d'une dizaine d'accords de coopération ont été signés entre les deux pays fin 2017. L'un de ces accords concerne la coopération militaire, qui semble centrée sur des sujets comme la formation sur les matériels russes (char et système de défense aérienne[107]), le secours et le sauvetage, le génie. Il est peu probable qu'elle couvre des aspects aussi sensibles que le cyber ou la guerre électronique, étant donné le statut de MNNA du Maroc.

---

[107] Source Défense & Sécurité Internationale- n°148 – Juillet – Août 2020 pp48-49

3. Les acteurs régionaux

Outre les acteurs mondiaux que sont les États-Unis, l'UE, la Chine et la Russie, le Maroc a pour partenaires les monarchies du golfe arabo-persique, Israël, la Turquie, la Corée du Sud, l'Inde, la Malaisie et le Brésil. Ces différents pays sont également très actifs en Afrique sur le plan économique et parfois militaire (c'est le cas d'Israël[108] et, depuis quelques années, des Émirats Arabes Unis et de la Turquie).

Outre les financements accordés par l'Arabie Saoudite et les Émirats Arabes Unis pour permettre au Maroc d'acquérir la technologie ISR, les EAU et le Koweït ont réalisé d'importants investissements dans le numérique au Maroc. Entre 2014 et 2015, l'opérateur historique émirien Etisalat a procédé à l'acquisition des parts de Maroc Telecom jusqu'alors détenues par Vivendi. La société koweitienne Zain a quant à elle acquis 31% d'Inwi entre 2009 et 2011.

Par cette acquisition, Etisalat entend se servir de Maroc Telecom comme d'un *hub* de communication qui lui permettra d'offrir des services à des sociétés européennes ayant des intérêts en Afrique. Pour Maroc Telecom, il s'agit de pouvoir continuer à bénéficier d'une expertise dans des services à valeur ajoutée aux entreprises ainsi qu'à des synergies en termes d'achat. Il s'agit également pour les EAU à travers Etisalat dont il détient 60% du capital de déployer son *soft power* dans une zone où l'Islam est la religion dominante.

La prise de participation de Zain dans Inwi s'est faite en 2009, à la fin d'une phase d'expansion sur le continent africain qui a permis à l'opérateur de servir, pendant un temps, près de 40 millions de clients à travers le continent grâce au rachat en 2004 de l'opérateur panafricain Celtel[109] dans des pays francophones (Burkina Faso, Tchad, RDC, Gabon, Madagascar et Niger) et anglophones (Ghana, Kenya, Nigeria, Sierra Leone, Tanzanie, Ouganda, Malawi et Zambie). Depuis, le groupe Zain s'est recentré sur la Péninsule Arabique et le Moyen-Orient, ne gardant en Afrique qu'une participation minoritaire dans Inwi et des opérations dans les deux Soudans.

Les relations entre Israël et le Maroc dans le domaine du numérique, bien que discrètes, existent depuis des années. Elles sont

---

108 Nous entendons par là les activités de conseil en défense et sécurité et la vente d'armes

109 Celtel a été fondée en 1998 par l'entrepreneur anglo-soudanais Mohammed "Mo" Ibrahim

facilitées par l'existence au Maroc d'une communauté juive qui rassemble encore 2 000 ou 3 000 personnes. Dans le domaine du numérique civil, le groupe israélien RAD a pendant longtemps vendu ses équipements de transmission radio au Maroc par l'intermédiaire d'un accord OEM[110] avec l'équipementier SAGEM. Ces ventes se sont poursuivies par la suite pour le fabricant Ceragon grâce au rachat de la société norvégienne Nera Telecommunications, qui possédait une entité juridique au Maroc. De même, les Marocains sont des utilisateurs de la messagerie privée Viber, fondée en Israël en 2010 par Viber Media (racheté par le groupe japonais Rakuten en 2014).

Dans le domaine cyber, il n'y pas de coopération officielle, mais des relations informelles doivent exister. Le Maroc comme Israël font partie des partenaires de l'OTAN et sont associés à certains programmes comme le SPS. Il est également avéré que les Forces Armées Royales utilisent des technologies israéliennes, comme celles d'IAI pour les avions de surveillances ISR, et le Ministère de l'Intérieur celles de NSO Group, pour surveiller les données de trafic Internet à partir des téléphones portables (Amnesty International, 2020). La normalisation des relations israélo-marocaines dans le sillage des accords d'Abraham[111] devrait permettre d'intensifier ces relations.

La Corée du Sud est également un pays avec lequel le Maroc a noué des relations de coopération dans le domaine cyber (Hathaway et Spidalieri, 2018). La Corée du Sud a aidé le Maroc à mettre en place son CERT, le ma-CERT. Un financement de 3,5 millions d'euros aurait ainsi été apporté, permettant de réaliser des formations et d'acquérir matériels et logiciels coréens via le KISA[112].

Les industriels coréens sont moins visibles que leurs homologues européens ou chinois pour ce qui est des équipements télécoms. Samsung, qui est un des leaders mondiaux de la 4G et de la 5G, n'a pour l'instant été déployé par aucun opérateur marocain.

---

[110] *Original Equipment Manufacturer*. Un accord OEM est une forme de coopération industrielle qui porte sur la production et la vente de systèmes et de sous-systèmes que le client intègre dans ses produits et commercialise sous sa propre marque.

[111] Le 15 septembre 2020, les Émirats Arabes Unis, Bahreïn et Israël signaient à Washington les accords d'Abraham instaurant des relations officielles entre les deux émirats du golfe arabo-persique et l'État hébreu.

[112] Korea Internet and Security Agency, entité dépendant du Ministère de la Recherche Coréen.

Les autres pays asiatiques avec lesquels le Maroc a développé des partenariats dans le domaine cyber sont l'Inde et la Malaisie. Dès 2015, dans le cadre de la visite de Mohamed VI à New Dehli pour le troisième sommet indo-africain, le Maroc a noué avec l'Inde un partenariat stratégique dont l'objectif était d'accroître les relations bilatérales dans des domaines aussi variés que la santé, le développement, l'économie, la défense et la sécurité. Un protocole d'entente (MoU) entre la ma-CERT et le Indian Computer Emergency Response Team (CERT-IN) a été signé dans le domaine cyber le 25 septembre 2018[113].

Pour le Maroc, l'intérêt de ce partenariat est double : il s'agit d'une part d'essayer d'attirer des investissements indiens dans le domaine du numérique, et d'autre part de pouvoir se protéger en amont de cyber-menaces venant d'Inde. L'Inde figure au troisième rang mondial en matière d'utilisation d'internet ; c'est l'un des dix pays au monde les plus générateurs de *spams*[114] et l'un des cinq pays les plus affectés par la cybercriminalité. Le Maroc s'intéresse également au système d'identification biométrique Aadhaar mis en place par un consortium associant le français Morpho, l'Américain L1 et le japonais NEC.

Plus surprenant est l'accord de coopération signé en 2013[115] entre le ma-CERT et la my-CERT, le CERT de l'équivalent malaisien de la DGSSI. Ce partenariat pourrait en partie s'expliquer par le fait que les deux pays font partie de l'Organisation de la Conférence Islamique et que la Malaisie est un pays émergent dont le modèle de développement économique est une source d'inspiration pour le Maroc.

Malgré la volonté marocaine de développer ses liens économiques avec le Brésil, il existe peu de relations dans le domaine du numérique. Le Brésil est pourtant le troisième client du Maroc et son seizième fournisseur en 2016. Si les échanges commerciaux du Maroc avec le Brésil ont enregistré une forte amélioration passant de 244 millions de dollars en 2000 à 1,483 milliard de dollars en 2017, ces échanges ne représentent que 2% de l'ensemble des échanges commerciaux du Maroc et demeurent concentrés sur certains produits, notamment, les phosphates et le sucre. L'équipementier télécom brésilien PadTec bien qu'il ait un temps essayé de se développer en

[113] Source OpenGovAsia

[114] Courriel indésirable ou pourriel est une communication électronique non sollicitée, en premier lieu via le courrier électronique

[115] Source ITU

Europe du Sud et en Afrique s'est maintenant recentré sur le marché latino-américain.

Enfin, malgré la forte augmentation des Investissements Directs Étrangers turcs au Maroc[116], il n'y pas d'échange dans le domaine du numérique, de même la presse et la littérature ne font état d'aucune coopération dans le domaine cyber. La Turquie étant membre de l'OTAN, il est cependant probable que des échanges existent dans le cadre du dialogue méditerranéen. Le Maroc a ainsi participé en 2017 et 2018 à l'exercice naval « Phoenix Express » avec la Turquie.

À l'image de la diplomatie mise en œuvre par Mohammed VI depuis son accession au trône, le Maroc a multiplié les partenariats dans le domaine numérique, tant dans le renforcement capacitaire que dans les investissements directs étrangers et les fournisseurs de technologie numérique. Devant cette complexité croissante, et en raison de l'inscription du numérique aux agendas diplomatiques des grandes puissances, l'IRES a, en 2019, appelé de ses vœux la définition d'une cyber-diplomatie marocaine. Au fil des ans, le Maroc a pris conscience des enjeux de souveraineté qu'entraîne la numérisation croissante de son économie.

---

[116] Ils sont selon l'Office des Changes marocain passés d'une moyenne annuelle d'environ 10 millions d'euros sur la période 2008-2012 à une moyenne annuelle d'environ 45 millions d'euros sur la période 2013-2017, passant ainsi de 0,3% des IDE totaux reçus par le Maroc à 1,2%.

CHAPITRE 4

Les limites du volontarisme numérique

Nous avons vu dans le chapitre 2 que le Maroc a su mettre en place une stratégie de développement du numérique qui s'intègre dans sa stratégie de développement industriel. Cette stratégie, si elle n'est pas à l'origine du développement du numérique au Maroc (c'est notamment le cas de l'*offshoring* qui a émergé au Maroc grâce à la proximité géographique de l'Europe, à la maîtrise du français et la volonté des entreprises d'externaliser une partie de leurs activités), a permis le développement d'une industrie du numérique dont les principales forces sont le secteur des télécommunications, l'*offshoring* et la monétique.

Dans le chapitre 3, nous avons vu comment le secteur des télécommunications via l'opérateur historique Maroc Télécom sert la stratégie diplomatique développée par Mohamed VI, alors que les autres acteurs du numérique ont mis en place des stratégies adaptées à leurs modèles d'affaires respectifs. De même nous avons vu comment la multiplication des partenariats dans le domaine Cyber et des liens commerciaux dans le domaine du numérique reflètent le développement de la stratégie diplomatique multipolaire évoquée dans le chapitre I.

Il convient dans les pages suivantes d'analyser si grâce à sa politique volontariste, le Maroc a effectivement su devenir un *hub* numérique pour l'Afrique francophone (I). Nous essaierons également de déterminer si le Maroc a effectivement pu prendre une position stratégique en Afrique en tant que nœud de réseaux ou s'il reste en marge (II). Les limites du volontarisme marocain dans le domaine du numérique, nous conduiront à nous interroger sur la souveraineté numérique du Maroc (III). Alors que la presse mentionne régulièrement la cyber colonisation dont l'Afrique serait victime, et la nécessité d'acquérir une souveraineté numérique, il conviendra de définir plus précisément ce que ce concept recouvre, et comment il est compris au Maroc.

I. Le Maroc, *hub* numérique pour l'Afrique francophone ?

Le Maroc a l'ambition de devenir un *hub* technologique régional depuis le plan Maroc Numeric 2013 lancé en 2009. Plus de dix ans après ce premier plan, le Maroc a-t-il effectivement su gagner ce statut, comme il l'a fait dans le domaine de la logistique et des transports, ou celui de la finance ?

La position qu'occupe le Maroc dans le domaine de l'*offshoring* n'est pas un critère de réussite car l'activité des spécialistes de l'*offshoring* est tournée vers l'Europe. Il en va de même pour le succès de Maroc Télécom : il s'agit d'un acteur qui s'était déployé en Afrique en partie grâce à la diplomatie du souverain avant son rachat par Etisalat qui en a fait sa tête de pont pour l'Afrique francophone. De même ni Zain qui possède une participation minoritaire dans Inwi, ni Meditel (avant son rachat par Orange en 2010) n'ont déployé de stratégie régionale depuis le Maroc.

Afin de répondre à cette question nous étudierons dans les pages suivantes les stratégies mises en place par les acteurs américains, chinois et européens de l'industrie du *hardware* et du *software*, avant d'étudier la stratégie d'Orange Maroc.

1. Un *hub* logistique et commercial régional pour les spécialistes du *hardware* et du *software* ?

Dans l'écosystème du numérique, le *hardware* et le *software* permettent le fonctionnement de la couche physique et de la couche logique du cyberespace. On distingue les *vendors* ou équipementiers qui conçoivent, produisent et commercialisent les équipements, les *partners* qui peuvent être de simples installateurs ou des revendeurs à valeur ajoutée (*Value Added Reseller* ou VAR) quand en plus de la fonction de commercialisation des équipements au client final, ils assurent des tâches à valeur ajoutée comme la conception d'un réseau et enfin les *Value Added Distributors* qui sont un maillon intermédiaire entre les *vendors* et les *partners* quand ceux-ci n'ont pas un volume d'achat suffisant ou un bilan financier leur permettant de devenir *partner* d'un *vendor*.

Le Maroc, en raison de l'importance de son marché à l'échelle africaine, a vu se structurer au fil des ans sur son sol, une industrie du *hardware* et du *software*. L'étude des stratégies mises en place par les principaux fabricants de hardware et de software et celles des distributeurs à valeur ajoutée illustre le rôle de *hub* logistique et commercial qu'a pu prendre le Maroc et ses limites.

Les quatre principaux fabricants de réseaux de communication présents au Maroc sont Huawei, Ericsson, Nokia (issu de la fusion de Nokia, Siemens et Alcatel) et Cisco. Pour Huawei, Nokia et Ericsson, l'Afrique est intégrée à la zone MEA (*Middle East and Africa*) dont le siège est à Dubaï. Huawei a en revanche scindé la zone MEA en deux : le Maroc est rattaché à la zone Afrique du Nord, Moyen-Orient dont le siège est également à Dubaï, alors que le reste de l'Afrique dépend de l'Afrique du Sud à Johannesburg.

Cette apparente similarité des organisations cache en fait des différences importantes. Alors que le Cisco a une structure marocaine qui est essentiellement dédiée aux besoins du marché marocain, Nokia et Ericsson mais surtout Huawei ont déployé depuis le Maroc des organisations régionales. Pour Nokia et Ericsson cette organisation régionale est surtout justifiée par des raisons commerciales : il s'agit d'y localiser les équipes technico commerciales qui suivent le compte Maroc Télécom. Pour Huawei, aux raisons commerciales s'ajoutent des considérations logistiques voire politiques.

Huawei est entré sur le marché marocain en 1999 en ouvrant un siège à Rabat où se trouve Maroc Telecom. La société acquiert rapidement une position de force chez Maroc Telecom, Inwi et Orange (voir chapitre 3, titre III), ainsi que dans des grands comptes publics comme l'ONCF[117]pour lequel Huawei a développé un réseau GSM-R.

Huawei aurait ainsi capté plus de 70% du marché nord-africain dès 2014. Le chiffre d'affaires estimé de son activité marocaine serait passé d'environ 180 millions de dollars en 2011 à plus de 500 millions de dollars en 2016[118].

Huawei a rapidement fait du Maroc un *hub* pour son activité Huawei Technologies qui offre des services de gestion, supervision, réponse aux appels d'offres, formation et support technique pour les

---

[117] Office National des Chemins de Fer
[118] Source China Daily-Africa Weekly

entités du groupe présentes en Algérie, au Tchad, au Mali, en Mauritanie au Niger, au Sénégal et en Tunisie.

L'importance croissante prise par le Maroc a ensuite conduit Huawei à faire du Maroc son *hub* africain en 2018 pour son activité Huawei Carrier dédiée aux opérateurs, pour peu après faire de même avec son activité Huawei Devices (terminaux téléphoniques grand public). Cette décision s'est traduite par l'installation en 2018 d'un centre logistique à Tanger Med afin de pouvoir faire de la réexpédition « sous douane » vers les pays voisins du Maroc, et par l'installation de son siège régional à Casablanca Financial City.

Casablanca Financial City s'inspire de Dubaï et offre aux entreprises étrangères désireuses de s'implanter des franchises d'impôts pendants 5 ans puis des taux d'impôt sur les sociétés réduits à 8,75% ainsi qu'une liberté de change et des facilités d'obtention de visa.

Les raisons données à la presse par les dirigeants de Huawei quand ils étaient interrogés[119] sur les motivations de leur choix étaient : la situation géographique du Maroc, sa stabilité politique, la présence d'opérateurs ayant une présence internationale, la relative qualité et stabilité du droit marocain et le capital humain, mais également le rapprochement entre le Maroc et la Chine qui s'est traduit en 2016 par la signature d'un partenariat stratégique l'entrée du Maroc en 2017 dans le projet des nouvelles routes de la soie (voir chapitre 3, titre III).

Au regard de l'activité d'autres acteurs étrangers du numérique, l'activité d'un équipementier comme Huawei doit cependant être relativisée. La majeure partie du chiffre d'affaires mentionné ci-dessus est en effet du matériel de communication qui est facturé par des entités chinoises et dédouané par les opérateurs. Ainsi, Huawei n'apparaît pas dans la liste des cinquante premiers acteurs du numérique quand on prend en compte le chiffre d'affaires (Annexe 5). En 2014, le nombre d'employés de Huawei était estimé à environ 400 dont une centaine de chinois. Les achats générés par la société en 2018 étaient d'environ 40 millions de dollars[120]. Il s'agit essentiellement de prestations de travaux publics passées à des sociétés marocaines en charge de l'installation et mise en service des stations radio ou de la pose de fibre optique.

---

[119] Interview de Jibin Cao, président de Huawei pour l'Afrique du Nord donné au quotidien Le Matin le 23 décembre 2019

[120] Idem

Les *vendors* de *hardware* et de *software* pour vendre leurs produits aux entreprises et aux administrations s'appuient sur un réseau de VARs dont la majorité se fournissent auprès de distributeurs à valeur ajoutée également appelés grossistes. Les principaux grossistes présents au Maroc sont Westcon, Ingram, Config Data, Exclusive Networks et Arrow. À l'exception d'Arrow tous ont fait du Maroc un *hub* régional.

La société française Exclusive Networks est celle qui est allée le plus loin dans le développement de son hub marocain. Présente au Maroc depuis 2008 elle couvre toute l'Afrique francophone. La société emploie 50 personnes en Afrique dont 37 au Maroc, le reste des effectifs étant réparti entre la Tunisie, l'Algérie, le Cameroun, la Côte d'Ivoire et le Sénégal.

Les raisons qui ont motivé le choix du Maroc sont la qualité et la capillarité du réseau de la RAM, la qualité du système bancaire, la fluidité en termes de réexpédition de marchandises. Ainsi, lorsque la facturation des produits est effectuée au Maroc, la réexpédition vers l'Afrique peut se faire sans TVA ni droits de douane. L'avantage du Maroc sur la Tunisie qui offrait des conditions presque similaires était la taille de son marché et le plus grand nombre de destinations africaines de la RAM. Exclusive Networks envisage également de continuer son développement vers l'Afrique anglophone[121] depuis le Maroc, mais pense recourir à des partenaires locaux car les liaisons logistiques avec l'Afrique de l'Est (Kenya) et l'Afrique du Sud sont insuffisantes.

2. Un *hub* pour les opérateurs à ambitions panafricaines ?

Plus récemment, le Maroc a réussi à se positionner comme un *hub* pour l'Afrique francophone pour les opérateurs de télécommunication. La stratégie de Maroc Télécom ayant déjà été évoquée dans le chapitre 3, nous nous attacherons ici à décrire celle d'Orange qui a inauguré en janvier 2020 son siège MEA (*Middle East and Africa* ou Moyen-Orient Afrique).

C'est une victoire importante pour le Maroc, car Orange réalise en 2019, 5,2 milliards d'euros de chiffre d'affaires sur la zone MEA, ce qui représente 12% du chiffre d'affaires du groupe. La croissance de

[121] Exclusive Networks travaille déjà avec l'Afrique de l'Ouest anglophone (Nigéria et Kenya)

l'organisation OMEA étant de 6% (contre 0,6% pour l'ensemble du groupe en 2018), la zone MEA pourrait en 2025 représenter 20% de l'activité du groupe.

La filiale d'Orange Sofrecom Services Maroc créée à Rabat en 2004 était déjà devenue le *hub* africain de Sofrecom. Sofrecom Services Maroc se présente comme un centre de services et d'ingénierie logicielle *offshore*. La société emploie 300 ingénieurs au Maroc soit un sixième de ses effectifs. Les services proposés sont la veille technologique et concurrentielle, le consulting et l'ingénierie réseau, ainsi que le déploiement de systèmes d'information. Depuis le Maroc, Sofrecom réalise des prestations pour les filiales d'Orange MEA mais aussi pour d'autres opérateurs africains. Sofrecom est particulièrement active sur les projets de transformation numérique et le développement d'Orange Bank.

Orange n'emploie pour l'instant qu'environ 70 personnes dans son siège marocain. Mais l'importance de ce siège est destinée à croitre rapidement. Deux projets pourraient être particulièrement structurants : l'introduction en bourse à Casablanca d'Orange MEA et la construction d'un *backbone* régional.

Le projet BAFO (*Backbone* Africain de Fibre Optique) d'Orange est en gestation depuis 2018. Cette architecture physique et logique va permettre à Orange de relier entre eux 8 pays africains où l'opérateur est actif. L'objectif est double. Il s'agit d'une part de pouvoir se positionner comme le premier opérateur de gros[122] (*wholesale operator*) en Afrique de l'Ouest à l'image de ce qu'a pu faire l'opérateur Liquid Telecom en Afrique du Sud et Afrique de l'Est. Il s'agit d'autre part de répondre à des besoins internes : amélioration des débits et de la latence, notamment dans des pays enclavés comme le Mali ou le Burkina Faso qui ne sont pas reliés aux câbles sous-marins de la côte, et sécuriser les connexions avec des routes alternatives en cas de problème sur un câble.

[122] Un opérateur de gros va fournir de la capacité à des opérateurs de détail de manière non discriminé de sorte que ceux-ci puissent offrir des services de type télévision, téléphonie ou accès haut débit à leurs clients (grand public ou entreprise)

Figure 16 : Le Backbone panafricain d'Orange

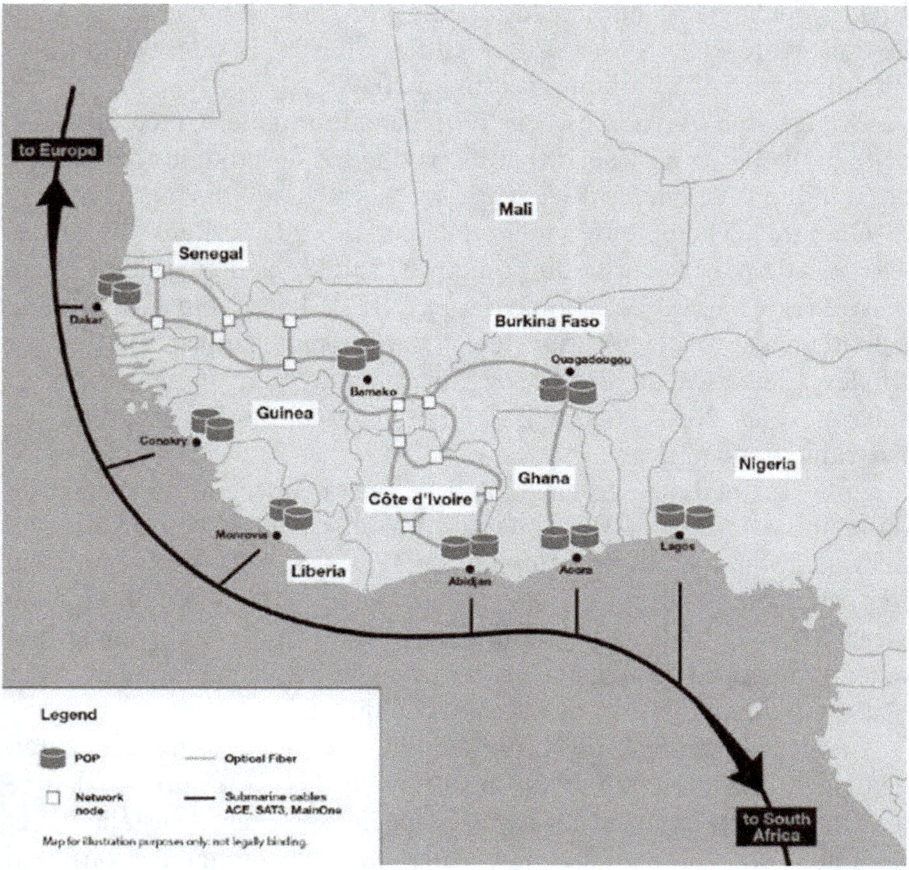

Source : les Échos 21 novembre 2019

L'architecture actuelle du réseau BAFO (voir figure 16) ne prévoit pas de liaison terrestre avec le Maroc. Celui-ci sera cependant relié via les câbles ACE et MainOne dans lesquels Orange a investi. L'exploitation de BAFO doit d'ailleurs être centralisée depuis le Maroc.

Le deuxième projet structurant est la probable introduction en bourse d'Orange MEA qui renforcera la visibilité internationale de la place financière de Casablanca et permettra à Orange de lever des fonds qui lui permettront de financer son développement en Afrique. Orange envisage ainsi de s'implanter en Éthiopie à l'occasion de la prochaine libéralisation du marché éthiopien des télécommunications.

Les autres activités d'Orange qui bénéficieront du choix marocain d'OMEA sont Orange Cyber, Orange Bank et Orange Money.

Orange Money est l'entité spécialisée dans le transfert d'argent. Elle compte déjà 45 millions de clients en Afrique à travers 17 pays et devrait représenter en 2025 un chiffre d'affaires de 900 millions d'euros contre 425 millions d'euros en 2019.

Orange Bank Africa est l'activité banque mobile. Créée en 2019, cette nouvelle entité vise 100 millions d'euros de produit net bancaire et 10 millions de clients d'ici 2025.

Orange Cyberdefense regroupe depuis 2017, l'ensemble des activités de cybersécurité du groupe (275 millions d'euros de Chiffre d'Affaires et 1 300 collaborateurs en 2017). La structure marocaine actuellement concentrée sur les grands comptes marocains et les filiales françaises au Maroc devrait atteindre une cinquantaine de salariés d'ici 2021 et servir de *hub* régional pour l'ensemble de l'Afrique francophone.

Entre ses activités de siège, celle d'opérateur, celle de spécialiste du Cyber (Orange Cyber Maroc) et celle de conseil (Sofrecom Services Maroc), Orange emploie déjà plus de 1 600 personnes au Maroc (dont 1 250 pour l'activité opérateur[123]) et la localisation du siège MEA devrait avoir un impact positif sur l'emploi en termes quantitatifs mais également en termes qualitatifs car il s'agit pour beaucoup d'emplois à fort contenu technique.

Le développement de cette activité de siège régional devrait également avoir des retombées positives sur les partenaires d'Orange au Maroc (et notamment les sociétés spécialisées dans l'installation et la mise en service d'équipements de télécommunication) qui pourraient ainsi développer leurs activités dans les pays dans lesquels OMEA est actif.

3. Un secteur des ESN et des ICT encore embryonnaire ?

Le Maroc a su se positionner comme un hub pour l'Afrique francophone pour ce qui est des opérateurs et de la vente *hardware* et *software*. Ces succès doivent cependant être relativisés : la présence au Maroc de deux opérateurs à portée régionale et d'un opérateur à portée nationale permet au Maroc d'avoir sur son territoire plus 10 000 emplois[124] qualifiés, mais la présence de vendeurs de *hardware* et de

---

[123] Source Orange Maroc

[124] L'effectif marocain 2018 de Maroc Telecom est de 7689 personnes (source Maroc Telecom), celui d'Orange de 1600 personnes et celui d'Inwi 1100 personnes (source Inwi)

software ou de distributeurs à valeur ajoutée a un impact relativement faible en termes d'emplois et de retombées économiques.

Le secteur numérique marocain présente donc un déséquilibre manifeste : le secteur des opérateurs est « surreprésenté » pour ce qui est du chiffre d'affaires avec 54,16% du total (voir figure 17) alors que le secteur de l'*offshoring* est surreprésenté en termes d'effectif avec 80 000 emplois sur 130 000 (voir tableau 4).

Les trois opérateurs représentent à eux seuls plus de 54% du chiffre d'affaires du secteur et avec 10 000 employés environ 8% de l'emploi du secteur. Le deuxième contributeur en termes de chiffre d'affaires est celui de la distribution (18,56% soit environ 1 milliard d'euros) dont l'effectif estimé est d'environ 3 000 personnes[125]. Le troisième contributeur est l'industrie de l'*offshoring* (16,81% du chiffre d'affaires du secteur et avec 80 000 emplois, plus de 66% de l'emploi du secteur).

La part occupée en termes de chiffre d'affaires par les autres segments du numérique est donc extrêmement faible (moins de 10,5%). Si on enlève la part occupée par les équipementiers (2,5% du secteur), celle des GAFAMI (1,16%), celle du réparateur de produits électroniques Cetelec (0,45% du secteur), celle du fabricant de consommables informatiques français Armor Industries (0,41% du secteur) et celle de quelques autres[126], la part de chiffre d'affaires d'un segment aussi essentiel que celui des Entreprises de Services numériques (ESN), des sociétés d'Ingénierie Conseil en Technologie (ICT) et des éditeurs de logiciels (voir figure 17) est de 2,45% avec moins de 135 millions d'euros de chiffre d'affaires en 2018.

Nous estimons que le nombre d'employés de ce segment doit représenter moins de 10 000 personnes sur un total d'environ 27 000 personnes. À titre de comparaison le même secteur générait en France en 2016 près de 51 milliards d'euros de chiffre d'affaires[127] et employait près de 427 000 salariés chez les prestataires (ICT et ESN) et les éditeurs de logiciels et 750 000 chez les utilisateurs.

[125] Ce chiffre a été reconstitué à partir de données Kompass et de données présentes sur les sites web des principaux distributeurs.

[126] Essentiellement les intégrateurs et l'Entreprise de Services de Sécurité et de Défense (ESSD) Alomra Group

[127] Source Syntec Numérique

Figure 17 : Structure de l'industrie numérique

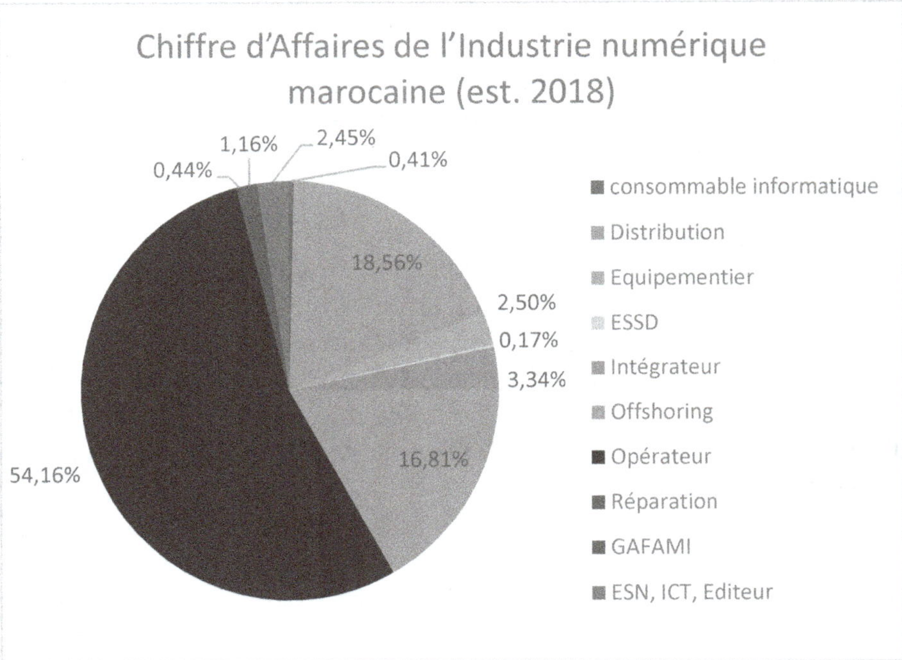

Source : consolidation données Kerix et OBG, mise en forme Bertrand Le Gorgeu

De même en l'absence de données précises sur la valeur ajoutée ou les excédents bruts d'exploitation des ESN et des ICT, une analyse des ratios de chiffre d'affaires par employé (tableau 4) montre que la productivité des acteurs du numérique marocain (exception faite des opérateurs) est extrêmement faible. Même en l'absence de données propres aux ESN, ICT et éditeurs de logiciels par rapport à la catégorie autres acteurs, leur poids dans le chiffre d'affaires du secteur (135 millions sur 579 millions d'Euros), laisse penser que la productivité est très inférieure à 100 000 euros alors qu'elle est supérieure à 1 million d'euros en France.

Tableau 4 : Structure de l'emploi

Segment	Effectif du secteur	Part de l'emploi du secteur	Chiffre d'Affaires	CA/employé
Distribution	3 000	2,50%	1 026 000 000 €	342 000 €
Opérateurs	10 000	8,33%	2 995 000 000 €	299 500 €
Autres acteurs	27 000	22,50%	579 000 000 €	21 444 €
Offshoring	80 000	66,67%	930 000 000 €	11 625 €
Totaux	120 000	100%	5 530 000 000 €	

Source : Bertrand Le Gorgeu (estimation constituée à partir de sources multiples)

Le Maroc n'a donc à ce jour pas encore mis en place un écosystème d'ESN et d'ICT sur lequel les entreprises européennes pourraient s'appuyer à l'instar de ce qu'un pays comme l'Inde a pu faire (cette activité emploie en Inde près de 4 millions de personnes et génère un chiffre d'affaires de 123 milliards d'euros[128], rapporté à la population du Maroc cela représenterait plus de 100 000 emplois et plus de 3 milliards d'euros de chiffre d'affaires). Le développement d'ESN et d'ICT est cependant essentiel pour que le Maroc puisse monter dans la chaîne de valeur mondiale du numérique et constituer un vivier dans lequel pourront naître d'autres éditeurs de logiciels ou d'autres sociétés à plus forte valeur ajoutée comme les spécialistes de la monétique HPS, S2M et M2M étudiés dans le chapitre 3.

II. Un Maroc encore à la périphérie de l'économie numérique ?

Le Maroc avec 35 millions d'habitants et un statut de pays à revenu intermédiaire[129] ne peut prétendre à un rôle central dans l'économie numérique au niveau mondial. Nous essaierons dans les pages suivantes de positionner le Maroc à l'échelle du continent africain, en analysant le Maroc dans trois dimensions : le poids de l'industrie numérique marocaine, son positionnement comme centre de stockage de données et son intégration aux réseaux de communications optiques africains et mondiaux.

1. Le Maroc, une économie numérique de second rang ?

Nous avons dans les parties précédentes montré que le volontarisme numérique du Maroc a permis d'accompagner et de stimuler la croissance d'un secteur qui emploie désormais 130 000 personnes. Grâce notamment au dynamisme de l'*offshoring* (80 000 employés) le secteur du numérique est l'un des principaux employeurs privés du Maroc derrière l'automobile (116 000 emplois directs et indirects)

De même, les liens entre l'État et l'opérateur historique Maroc Télécom et l'action diplomatique du souverain ont permis l'émergence du cinquième opérateur panafricain derrière MTN,

---

[128] Source : La Croix 28/08/2018

[129] Pays où le revenu par tête est compris entre 1026 et 3095 USD

Orange, Vodafone et Airtel. La stratégie de *hub* a également permis de positionner le Maroc comme un *hub* régional pour les fabricants d'équipements et les éditeurs de logiciels, pour les acteurs de la distribution et plus récemment pour les opérateurs de télécommunication avec l'installation du siège MEA d'Orange, qui est à ce jour la seule multinationale du numérique ayant fait le choix du Maroc et non de Dubaï pour installer son siège Moyen-Orient Afrique.

Nous avons également montré les limites de ce volontarisme : faiblesse probable[130] de la valeur ajoutée produite (à l'exception du secteur des opérateurs), faible développement du secteur des ESN/ICT, lacunes de l'écosystème financier et carences du système éducatif.

La faiblesse de la valeur ajoutée s'explique par la prépondérance du secteur de la distribution qui n'emploie qu'environ 3 000 personnes et qui se caractérise par des chiffres d'affaires élevés et des marges faibles, et celle du secteur de l'*offshoring* où le ratio chiffre d'affaires par employé est de l'ordre de 11 000 euros.

Le faible développement des ESN et des ICT est plus préoccupant car il obère la capacité du Maroc à s'intégrer davantage dans les chaines de valeurs mondiales et à faire émerger des champions nationaux. Ce faible développement est en partie lié aux carences du système éducatif qui produit un nombre insuffisant de diplômés du numérique et à celles du système financier où malgré l'existence de banques de premier plan, start-ups et PME peinent à se financer et doivent souvent s'appuyer sur des partenaires industriels étrangers.

La faiblesse du secteur du numérique Marocain est également quantitative. Si on exclut le secteur de l'*offshoring*, le nombre d'employés de ce secteur est d'environ 40 000 (10 000 pour le secteur des télécommunications et environ 30 000 pour le reste des TIC).

En l'absence de données unifiées en termes d'emplois ou de chiffre d'affaires sur le secteur du numérique en Afrique, nous avons retenu deux points de comparaison : l'un est l'emploi généré par le secteur des TIC au Maroc et en Afrique du Sud, l'autre est une comparaison entre le PIB provenant des TIC dans les principales économies africaines.

En termes d'emploi généré par le secteur des TIC, le Maroc est très nettement distancé par l'Afrique du sud (3 fois le PIB du Maroc et

---

[130] Il conviendrait d'obtenir des données précises sur la valeur ajoutée des entreprises du numérique pour confirmer cela

près du double de population) qui emploie 60 000 personnes dans le secteur des télécommunications et 136 000 personnes dans le reste des TIC soit un total de près de 200 000 personnes[131].

Pour affiner notre compréhension du positionnement du Maroc dans le secteur du numérique, par rapport aux autres acteurs africains nous avons sur la base des taux de iGDP calculés par le McKinsey Global Institute 2017 et des données FMI pour l'année 2017, estimé le PIB (appelé ici iPIB) généré par le secteur numérique dans les principales économies africaines.

Figure 18 : Le Maroc 4e économie numérique d'Afrique

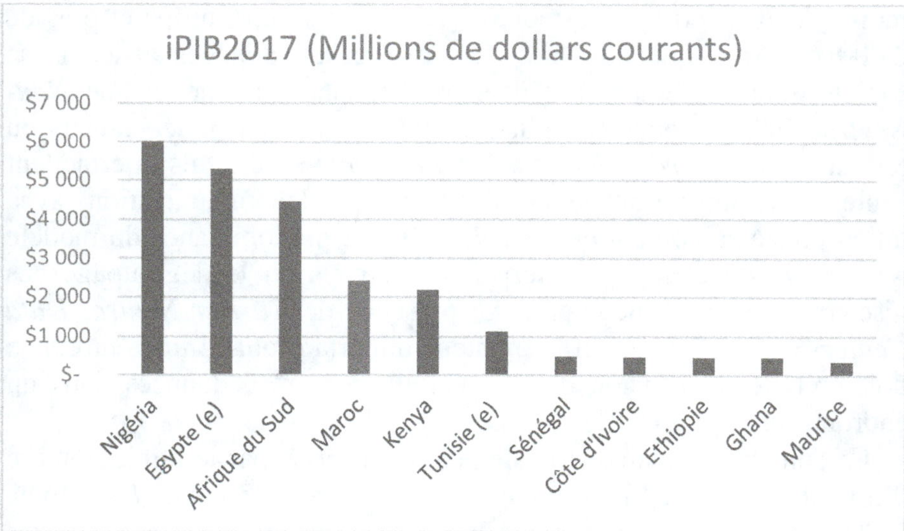

Source : McKinsey & FMI, mise en forme Bertrand Le Gorgeu

Selon cette représentation (voir figure 18), le Maroc apparaît comme la quatrième économie numérique africaine en net retrait derrière le Nigéria, l'Égypte et l'Afrique du Sud (qui bénéficient d'un poids démographique plus important) et à un niveau proche du Kenya.

2. Le Maroc, acteur secondaire du stockage de données ?

Afin de compléter cette lecture économique de la place qu'occupe le Maroc en Afrique dans le domaine du numérique, nous avons dans la carte en annexe 8 tenté de représenter le positionnement qu'occupe

[131] Source 2019 JCSE-IITPSA ICT Skills Survey

le Maroc dans l'Afrique des *Data Centers* et des serveurs *Cloud.* Sur cette même carte, nous avons représenté les principaux réseaux terrestres de fibre optique présents en Afrique en 2018, ainsi que le nombre de connexions existant entre les principaux pays côtiers et les principaux câbles optiques sous-marins.

Les données sur les *Data Centers*[132] sont mises à jour par le site www.datacentermap.com sur une base déclarative. Elles ne comptabilisent pas les *Data Centers* gérés par les opérateurs eux-mêmes (au Maroc Inwi et Maroc Telecom proposent des services de centre de données locaux).

La lecture de la carte en annexe 7 montre qu'il existe en Afrique moins de 70 *Data Centers* contre près de 1 500 en Europe et près de 2 000 en Amérique du Nord. Les centres de données africains se caractérisent également par une prédominance du modèle de *Non-Neutral DCs* par opposition aux centres de données indépendants du réseau (dit *Carrier Neutral Data Centers* car ils permettent l'interconnexion de plusieurs opérateurs de télécommunications avec un ou plusieurs *colocation providers).* Cette prédominance du modèle *Non-Neutral DCs* est caractéristique de pays où le dégroupage des réseaux est encore incomplet. La présence de *Carrier Neutral Data Centers* est un facteur différentiateur important quand une entreprise doit prendre la décision d'implanter un centre de données dans un endroit plutôt qu'un autre.

Le contexte africain est également caractérisé par le faible nombre d'infrastructures de *cloud computing*[133]. On en décompte 7 sur toute l'Afrique. Ces infrastructures utilisent des serveurs *cloud* qui sont des « *infrastructures physiques ou virtuelles puissantes qui exécutent des applications et stockent des informations. Les serveurs clouds en divisant un serveur physique (bare metal) en plusieurs serveurs virtuels à l'aide d'un logiciel de virtualisation* »[134]. La présence de ce type d'infrastructure est un indicateur de maturité du secteur numérique d'un pays. Les entreprises qui ont recours au *cloud*

---

[132] Les Data Center ou centres de données sont des sites physiques regroupant les infrastructures (serveurs, routeurs, commutateurs) chargées de stocker et de distribuer des données à proximité de grandes artères numériques dans des lieux où un approvisionnement d'énergie de qualité est disponible.

[133] On parle de *cloud computing* lorsque pour accéder à des données ou à des programmes, il suffit d'une connexion internet par opposition à un modèle où les données sont stockées sur le disque dur d'un ordinateur.

[134] Définition trouvée sur le site d'IBM

computing utilisent un modèle IaaS (infrastructure sous forme de service) pour traiter les charges de travail et stocker des informations.

La lecture de la carte en annexe 8 montre qu'avec 5 centres de données, le Maroc n'arrive qu'au sixième rang africain derrière l'Afrique du Sud (21), l'Égypte (13), le Nigéria (10), l'Île Maurice (10) et le Kenya (7). Le Maroc ne possède à notre connaissance aucune infrastructure de *cloud computing*. Celles-ci n'existent qu'en Afrique du Sud (5) à l'Île Maurice (1) et en Tunisie (1).

3. Le Maroc, une périphérie du cyberespace africain ?

Le Maroc n'occupe pas une position de *leader* en Afrique pour ce qui est du poids de son économie numérique ou de son poids dans l'industrie du stockage de données. Quelle position occupe-t-il sur les réseaux de fibre optique qui parcourent l'Afrique et connectent l'Afrique aux autres continents ?

L'analyse de la carte en annexe 8 permet de mettre en évidence la position quasi insulaire du Maroc. En 2018 il n'existe pas de connexion active par fibre optique terrestre reliant le Maroc au reste du Maghreb via l'Algérie, ni de connexion active par fibre optique le reliant à son pré-carré gigogne.

L'absence de connexions terrestres entre l'Algérie et le Maroc peut s'expliquer par l'intensité des tensions politiques existant entre les deux pays et par leur rivalité sur le plan militaire. Aucun des pays ne souhaite dépendre de l'autre même partiellement pour l'acheminement de son trafic internet.

L'absence de connexion terrestre avec la Mauritanie et l'Afrique sub-saharienne peut s'expliquer par le coût des licences nécessaires pour autoriser la pose d'une fibre, par la difficulté à obtenir les « *rights of way* » ou droits de passage à l'intérieur d'un pays et sur les zones frontalières. De même, les infrastructures terrestres souffrent en Afrique d'une relative fragilité par rapport à des infrastructures sous-marines.

Ce manque de connectivité terrestre entre le Maroc et le Maghreb d'une part et le Maroc et l'Afrique sub-saharienne d'autre part est également représentatif du caractère récent du redéploiement vers l'Afrique de la diplomatie économique africaine (évoquée dans le chapitre 1) et d'une Union du Maghreb Arabe qui est au point mort. Ce manque de connectivité contraste avec la densité des réseaux optiques terrestres dans les pays de basse côte qui reflète le processus d'intégration régionale à l'œuvre dans le cadre de la CEDEAO.

Plus surprenante est la relative faiblesse des connexions entre le Maroc et les autres ensembles régionaux africains via des câbles sous-marins. Ainsi, alors que le Maroc a une population plus de deux fois supérieure à celle du Sénégal, il est comme lui connecté à 3 câbles (les câbles MainOne, GLO1, Ace) auxquels s'ajoutent cependant les câbles Atlas et Loukos propriété de Maroc Télécom, et ceux de Red Eléctrica et d'Orange.

De même, alors que neuf câbles sous-marins internationaux passent à proximité du Maroc, il n'est connecté qu'à un tiers d'entre eux alors qu'un pays comme Djibouti lui aussi riverain d'un détroit est connecté à la totalité des câbles qui passent à proximité de ses côtes.

Comme le montre la carte en annexe 9, cette situation ne devrait pas évoluer d'ici 2023. Le Maroc ne doit à priori pas faire partie des pays desservis par le câble 2Africa. Ce projet mené par Facebook et auquel se sont associés China Mobile, Vodafone, Orange, MTN et d'autres doit en 2024, grâce à ses 37 0000 km, connecter l'Europe au Moyen-Orient via l'Afrique où il prévoit des stations d'atterrage dans 16 pays côtiers. Ce câble devrait avoir une capacité égale à celle de la somme de tous les câbles actuellement en service. De même, le Maroc ne sera pas desservi par le câble Equinaio qui doit permettre à Google de connecter le Portugal à l'Afrique du Sud. Enfin China Mobile pour connecter l'Afrique au Brésil avec le câble SAIL (mis en service en 2018) s'est allié avec l'opérateur camerounais Camtel.

III. Quelle souveraineté numérique pour le Maroc ?

Le Maroc malgré son volontarisme ne figure pas au premier rang des pays africains pour ce qui est du développement de son secteur numérique. L'analyse des forces et faiblesses de son « économie numérique », sa position quasi insulaire dans l'infrastructure physique du cyberespace africain que ce soit en termes de connectivité terrestre, sous-marine ou de la présence d'architectures de stockage l'atteste. On peut donc légitimement interroger la notion de souveraineté numérique marocaine. Il convient pour cela de définir ce qu'est la souveraineté numérique et comment ce concept est compris au Maroc avant d'évoquer les options dont le Maroc dispose pour rendre cette souveraineté effective.

1. Qu'est-ce que la souveraineté numérique ?

Un article de l'Australian Institute of Policy & Science (Kent, 2004) utilise ainsi le terme de *digital sovereignty* australienne pour parler de la nécessaire mise en place d'un dispositif règlementaire permettant de lutter contre les *spams* qui soit propre à l'Australie et non inspiré des dispositifs européens ou américain. Le même terme est repris dans un rapport de l'European Institute for Security Studies (EUISS) (Esterle et al., 2005), qui s'interroge sur l'introduction de l'IPv6[135] et le risque d'une centralisation accrue des assignations de domaines par l'ICANN qui renforcerait *de facto* l'influence américaine sur l'administration de l'internet.

Le terme souveraineté numérique apparaît dans la littérature stratégique française en 2006, avec deux articles parus dans la revue Politique Étrangère de l'IFRI. L'article intitulé « La gouvernance internationale de l'internet » (de La Coste, 2006) constate la menace de perte de souveraineté numérique qui pèse sur les États autres que les États-Unis. Cette menace émane non pas *« d'autres États souverains, mais les nouveaux acteurs privés de l'Internet ou des technologies de l'information véritables États virtuels »*.

L'article « souveraineté et réseaux numériques » (Benhamou et Sorbier, 2006) insiste quant à lui sur une *« action de l'Union Européenne en matière de gouvernance de l'internet et plus largement dans le domaine de la société de l'information* (qui) *doit d'abord contribuer au renforcement du lien avec les citoyens et au fonctionnement démocratique de nos sociétés »*. Il s'agit pour les auteurs de *« la seule question qui vaille au regard de l'enjeu de la souveraineté numérique »*.

Le concept sera ensuite popularisé auprès du grand public par une tribune dans *Les Échos* de 2011 où Pierre Bellanger, dirigeant de *Skyrock* parle de l'abandon de la souveraineté numérique française au profit de l'impérialisme américain. L'expression connaît une diffusion croissante à la suite des révélations d'Edward Snwoden de 2013 et elle est tour à tour mobilisée pour évoquer la nécessaire émancipation des États européens vis-à-vis des GAFAMI ou plus récemment en réaction à la montée en puissance des BATX et de Huawei et ZTE dans la 5G. L'expression s'est ensuite imposée dans le discours des industriels de défense et des responsables politiques français avant d'être reprise à l'échelle européenne (Danet et Desforges, 2020).

---

[135] Protocole d'adressage IP qui succède à l'IPv4

C'est vers 2016 que ce concept est apparu dans la presse marocaine et les discours et communications officielles. La popularité de ce concept masquant de profondes différences en termes d'interprétation il importe avant de voir quelles options s'offrent au Maroc pour assurer sa souveraineté numérique, de définir ce qu'est la souveraineté numérique, et d'analyser comment ce concept est compris au Maroc.

« *Bien sûr, la souveraineté numérique est très importante. Mais il se peut que nous en soyons tous venus à comprendre quelque chose de différent, même si nous utilisons le même terme* ». Cette phrase prononcée par la Chancelière allemande Angela Merkel à l'occasion du « forum de la gouvernance de l'internet » en novembre 2019, illustre combien il peut y avoir de visions différentes de la souveraineté numérique.

La souveraineté est traditionnellement définie comme le pouvoir exercé sur un territoire à l'égard d'une population, par un état indépendant libre de s'autodéterminer. Cette définition est remise en cause dans le monde post-westphalien caractérisé par l'interdépendance des États, la mondialisation économique, et la globalisation découlant des nouvelles technologies de l'information et des communications (Türk, 2020).

Pauline Türk définit ainsi trois approches de la souveraineté. Celle d'inspiration politique et économique qui consiste à pouvoir maîtriser l'ensemble des technologies numériques afin de pouvoir être maître de sa destinée. Celle d'inspiration libérale : la souveraineté numérique est alors celle des utilisateurs. C'est celle prônée par Pierre Bellanger pour qui la souveraineté numérique « *implique l'extension de la République dans cette immatérialité informationnelle qu'est le cyberespace* » et « *l'expression sans entrave sur les réseaux numériques de la volonté collective des citoyens* ». Il y a enfin l'approche juridique : la revendication par les États de l'extension de leur pouvoir de règlementation sur le cyberespace, le respect de leur autorité et un rôle accru dans les instances d'administration de l'internet.

Il appartient pour le Maroc de définir ce qu'il entend par souveraineté numérique. Une approche libérale pour un pays qui vient d'entamer une transition démocratique semble hors de propos, et une approche politique et économique fondée sur une maîtrise complète des technologies numériques irréaliste, tant elle l'est déjà pour un pays comme la France voire pour l'Union européenne.

L'approche juridique est mue par la crainte des États face à l'hégémonie technologique et commerciale des États-Unis et la montée en puissance de la Chine. On peut distinguer deux approches juridiques : une conception autoritaire portée par des États comme la Chine, la Russie et l'Iran qui tentent de reprendre le contrôle des espaces numériques pour y appliquer leurs lois et une conception progressiste portée par les pays démocratiques où il s'agit de protéger les citoyens et leurs libertés contre des entités malveillantes ou mues par des intérêts essentiellement mercantiles.

La ratification par le Maroc de la Convention de Budapest, de la convention 108 du Conseil de l'Europe pour la protection des personnes à l'égard du traitement des données à caractère personnel et le travail initié par le CNDP pour intégrer au droit marocain la RGPD montrent que le Maroc tente d'adopter une conception progressiste. La tentation d'une approche plus autoritaire existe cependant comme en atteste l'alignement marocain sur les positions russes et chinoises lors de la conférence de l'UIT de Dubaï en 2012.

En termes stratégiques, un État doit également avoir une réflexion sur les moyens qu'il doit développer et mettre en œuvre pour exercer sa souveraineté dans l'espace numérique. La lecture de l'audition de Claire Landais[136] par la commission d'enquête sur la souveraineté numérique[137] du Sénat français offre une grille d'analyse intéressante. Elle y définit la souveraineté numérique comme la capacité à rester maître de nos choix, de nos décisions et de nos valeurs et identifie trois composantes de la souveraineté numérique : la préservation des fonctions régaliennes, l'autonomie stratégique à savoir la capacité autonome d'appréciation, de décision et d'action dans l'espace numérique et la maîtrise des outils numériques (réseaux, communications électroniques, données publiques et personnelles).

2. Comment le concept est-il compris au Maroc ?

Une recherche menée dans la presse francophone en Afrique (bases Factiva et Europresse) et sur les sites en .ma en croisant « souveraineté numérique » et Maroc a permis d'identifier un nombre limité de documents pertinents : une vingtaine d'articles et environ 150 apparitions sur des sites web en .ma.

---

136 Secrétaire générale de la Défense et de la Sécurité Nationale de 2018 à 2020

137 Le devoir de souveraineté numérique - Tome II: comptes rendus

Il ressort de l'analyse de ces différents documents que la notion de souveraineté numérique a été mentionnée pour la première fois en 2016 dans un *focus* du rapport annuel du CESE[138] intitulé « *la transformation digitale au cœur du service au citoyen et pour un développement économique fort* » (CESE, 2016). Ce rapport sort alors que la notion de souveraineté numérique est d'actualité en Europe avec l'entrée en vigueur du RGPD.

La construction d'une politique de souveraineté numérique y est mentionnée. Pour le CESE le prérequis est double. Il s'agit d'une part de définir une stratégie de protection des données : comment les protéger, les stocker, les échanger et avec quels acteurs la mettre en œuvre. Il s'agit d'autre part de définir le rôle des autorités publiques pour veiller à « *l'existence de cette protection, mais également pour assurer le contrôle des moyens qui la permettent et leur conformité aux normes et orientations de ladite stratégie (cryptage, sécurisation des mails et des échanges, intégrité des données, duplication, localisation des sites, etc.)* ».

Le rapport qualifie la Directive Nationale sur la Sécurité des Systèmes d'Information (Directive Nationale sur la Sécurité des Systèmes d'Information (DNSSI), 2013) comme une base de travail puisque celui-ci introduit la notion d'infrastructure d'importance vitale (pendant marocain des Opérateurs d'Intérêt Vital français) et impose le stockage des données sensibles sur le territoire marocain. Il est vrai cependant que ni la DNSSI ni la Stratégie Nationale en Matière de Cybersécurité (Stratégie Nationale en Matière de Cybersécurité, 2013) ne mentionnent le terme de souveraineté numérique ou d'autonomie stratégique.

La souveraineté numérique n'a pour l'instant pas fait l'objet d'un rapport public dédié de IRES. Le thème est cependant abordé à de nombreuses reprises par l'institut depuis 2017. Le rapport « Transformation Numérique et Maturité des Entreprises et Administrations Marocaines » (Bounfour, 2017) aborde ainsi le sujet de la souveraineté numérique sous l'angle de la cybersécurité des infrastructures numériques de ses grands secteurs économiques et de ses institutions. Le thème est ensuite abordé dans différentes rencontres organisées par l'Institut. Dans un discours sur « La Transition Digitale Clé de l'Émergence Africaine », le directeur de l'institut identifie la souveraineté numérique comme l'un des cinq

[138] Conseil Économique Social et Environnemental du Maroc

enjeux stratégiques de la transformation digitale du Maroc. Là aussi la souveraineté numérique est vue sous l'angle de la cybersécurité. Sa « *préservation (...) est un axe essentiel de la décision publique, notamment en ce qui concerne les infrastructures numériques des grands secteurs économiques, mais également des institutions publiques* » (Mouline, 2019).

Le thème de la souveraineté numérique est aussi abordé dans un rapport du Conseil Supérieur de l'Éducation de la Formation et de la Recherche Scientifique sur la réforme de l'enseignement supérieur (CSEFRS, 2019). Le CSEFRS y insiste sur sa nécessaire contribution à la souveraineté numérique du pays en affichant sa volonté de se positionner comme chef de file sur les projets d'e-gouvernement.

La presse marocaine a de son côté repris ponctuellement le thème de la souveraineté numérique à partir de 2018, avant de devenir un thème plus récurrent en 2020 dans le contexte de la Covid-19.

En 2018, la souveraineté numérique est associée à la mise en place d'une stratégie « plateformique » pour les entreprises, les administrations centrales et territoriales afin de limiter la dépendance du Maroc auprès des plateformes étrangères au premier rang desquelles les GAFAMI[139].

En 2019, dans une tribune internet de Jeune Afrique, Ali Moutaïb, directeur des programmes du Campus Maroc de l'École de Guerre Économique (EGE), insiste sur les volets cybersécurité et protection des données[140]. Un article paru quelques jours plus tard insiste sur la nécessité de développer des *Data Centers* et un *cloud* marocain, prérequis à la souveraineté numérique[141].

En 2020, le thème est sollicité dans le cadre de la lutte contre le coronavirus, qui est perçu comme une opportunité pour développer l'industrie du numérique au Maroc. La souveraineté numérique y est entendue comme « *capacité à faire émerger des innovations locales, conçues par les Africains pour les Africains, et à rendre possible de*

---

[139] « Les conditions d'une transition numérique », Rahal Mehamed, Al Bayane Maroc, 16/07/18

[140] « Quatre pistes pour une souveraineté 2.0 dans les pays nord-africains », Ali Moutaïb, Jeune Afrique, 4/07/19

[141] « Quels prérequis en matière de digitalisation pour le Maroc », AB, L'Opinion, 2/08/19

nouvelles collaborations entre la société civile et l'État »[142]. On est ici proche de la notion d'autonomie stratégique dans le domaine du numérique qui est recherché par un pays comme la France.

C'est également ce concept qui apparaît en pointillé dans un article du site www.laverite.ma[143] où l'auteur définit la souveraineté comme ce qui « *garantirait le maintien de l'ordre de notre société, la continuité des services publics et des fonctions régaliennes de l'État ainsi que le fonctionnement normal de notre économie en période de stress. Une souveraineté qui nous permettra de rester maîtres de notre destin* ».

La presse se fait également l'écho[144] des inquiétudes formulées par la CNDP vis-à-vis de l'institution d'un identifiant unique civil, qui tout en facilitant l'identification des ménages ayant besoin d'un soutien financier de l'État, permettrait également d'interconnecter les différentes bases de données. Omar Seghrouchni, le président de la CNDP manifeste l'attachement de son institution à une conception libérale de la souveraineté numérique où les droits et les libertés des citoyens sont protégés.

Même si le débat sur la souveraineté numérique est arrivé plus tardivement au Maroc qu'en Europe, on y retrouve toutes les composantes mentionnées durant l'audition de Claire Landais : préservation des fonctions régaliennes, acquisition d'une autonomie stratégique et maîtrise des outils numériques.

3. Quelles options pour le Maroc ?

Il appartient donc aux autorités marocaines de définir précisément les limites et les moyens de la souveraineté numérique et de la formaliser, sachant que le Maroc a déjà établi ses positions sur certaines des composantes de sa souveraineté numérique.

Pour ce qui est de la préservation des fonctions régaliennes (première composante de la souveraineté numérique selon Claire Landais), le Maroc a interdit sur son territoire l'utilisation des crypto

---

[142] « Le Covid-19 donne à l'Afrique l'occasion d'opérer un saut quantique dans le domaine sanitaire », collectifs de personnalités africaines et européennes, Le Monde, 7/04/20

[143] « La commission sur le modèle développement à l'épreuve du Coronavirus », Ahmedou Dayahi, La Vérité, 02/06/20.

[144] « Identifiant unique des citoyens : un risque d'atteinte à la vie privée », H24Info, 15/07/20

monnaies[145], affirmant ainsi son monopole en ce domaine. Il en va de même pour ce qui est de la violence légitime en signant l'Appel de Paris, le Maroc affirme le monopole de l'État et s'interdit les pratiques de *hack back*[146] prônées par les États-Unis.

Le Maroc devra cependant, comme la France ou d'autres pays initier une réflexion sur l'authentification des personnes. Cette fonction régalienne est désormais partagée avec des réseaux sociaux comme Facebook ou LinkedIn qui fournissent des identités numériques à d'autres sites internet privés.

De même sur le plan de la sécurité intérieure, les services judiciaires et les services de renseignement marocains s'appuient sur des technologies numériques (voir chapitre 3, titres II et III) pour lesquelles l'offre nationale est inexistante. Le capital humain, les investissements nécessaires et les effets d'échelle requis pour développer ce type de technologie laissent penser que le Maroc ne peut comme l'Europe ou la France prétendre à développer à moyen terme une offre nationale. Il incombe cependant aux autorités marocaines de s'assurer que le choix de ses fournisseurs reflète les alliances stratégiques qui sont celles du Maroc : statut avancé auprès de l'UE et statut MNNA auprès de l'OTAN.

En termes d'acquisition d'une autonomie stratégique dans le domaine du numérique (deuxième composante de la souveraineté numérique selon Claire Landais), il est nécessaire pour le Maroc de définir des objectifs qui soient compatibles avec ses moyens. L'autonomie stratégique numérique s'entend comme la « capacité autonome d'appréciation, de décision et d'action dans l'espace numérique ».

La capacité à détecter de manière souveraine des attaques informatiques qui affectent l'État et les infrastructures critiques, n'est pas à la portée de tous. La DGSSI ne pourra vraisemblablement pas développer ses propres systèmes pour la supervision des administrations comme le fait l'ANSSI. De même, la DGSSI, au vu des investissements nécessaires ne pourra obtenir de son écosystème public ou privé les technologies nécessaires à l'attribution de cyberattaques. Comme dans le domaine du judiciaire et du

---

[145] « Le Maroc interdit les cryptomonnaies, mais soutient les *blockchains* professionnelles ou institutionnelles », Clémentine Pougnet, Jeune Afrique, 2/01/2020

[146] Stratégie consistant à déployer des mesures de représailles face à des attaques informatiques

renseignement, le Maroc devra pour maintenir sa capacité à détecter et renforcer sa capacité à attribuer intensifier sa coopération avec ses alliés dans le cadre de partenariats entre la DGSSI et ses homologues européens dont l'ENISA.

Cette capacité de détection et d'attribution est clé pour que le Maroc puisse formaliser une doctrine de dissuasion dans le domaine cyber, fondée sur l'évaluation de la gravité d'une attaque, sa classification par rapport à d'autres attaques et l'élaboration d'une réponse proportionnée (attribution publique, judiciarisation voire mobilisation de moyens offensifs dont le Maroc ne semble pas encore disposer).

Enfin, pour ce qui est de la capacité du Maroc à maîtriser les outils du numérique (troisième composante de la souveraineté numérique selon Claire Landais), il incombe au Maroc d'être à même de contrôler les équipements qui constituent le cœur de ses réseaux afin de garantir la protection de la vie privée et le secret de la correspondance.

Le Maroc doit en outre être à même de protéger les câbles sous-marins dont il dépend. Le niveau de technicité requis pour le contrôle des équipements de cœur de réseaux et les moyens de surveillance nécessaires pour protéger les câbles impliquent une collaboration étroite avec ses partenaires les plus proches et ceux dont dépend le plus l'économie du pays.

Enfin, le Maroc doit affiner sa politique de protection des données et des communications, en mettant en place un système d'exigences graduées avec des cercles concentriques. La localisation de certaines données sensibles sur le territoire marocain, comme cela est prévu par la DNSSI, n'est pas le seul élément qui garantisse la protection des données contre des attaques élaborées. Il convient aussi que le Maroc puisse bénéficier de technologies de chiffrement qui à défaut d'être fournies par des acteurs marocains le soient par des partenaires de confiance.

La mise en place de cette politique de souveraineté numérique doit s'accompagner d'un renforcement de l'écosystème numérique marocain. Les axes sur lesquels le Maroc devrait se renforcer sont : le développement d'ESN et d'ICT marocaines, le développement du *e-commerce*, le renforcement de son statut de *hub* numérique.

L'industrie de l'*offshoring* a permis au Maroc de s'intégrer dans les Chaines de Valeur Mondiales du numérique. Mais le Maroc doit maintenant s'attacher à renforcer le segment des Entreprises de

Services Numériques (ESN) qui lui permettront d'accroître la part de contenu local et de participer encore plus activement au processus de numérisation de ses administrations et de ses entreprises. Dans le cadre de cette politique de développement des ESN, un *Small Business Act*[147] marocain permettrait de faciliter la participation des acteurs marocains aux grands projets de numérisation, même si la participation d'acteurs internationaux s'avèrera toujours nécessaire.

Le Maroc doit également développer une offre de *e-commerce* afin de ne pas voir capté l'essentiel de la valeur produite par le *e-commerce* par des géants comme Alibaba ou Amazon quand ils feront de l'Afrique une priorité stratégique. Même si les revenus générés par l'activité numérique des GAFAMI au Maroc sont faibles en comparaison de ceux générés dans des marchés comme l'Europe, il est important que tout en courtisant les plateformes numériques comme les GAFAMI ou les BATX pour qu'elles s'installent au Maroc, l'État marocain puisse tirer des revenus de l'activité économique générée.

La capacité du Maroc à pouvoir attirer des IDE dans le domaine du numérique est également liée à une meilleure valorisation de sa position géographique à la confluence des espaces européens, africains et moyen-orientaux.

Il est pour cela nécessaire que le Maroc poursuive la libéralisation de son secteur des télécommunications en mettant effectivement en œuvre la politique de dégroupage décidée il y a plusieurs années et en facilitant l'octroi de nouvelles licences dans le domaine des opérateurs de gros et des opérateurs d'entreprises. Cela permettra l'émergence de nouveaux acteurs, facilitera la croissance du secteur tout en augmentant la couverture haut débit résidentielle et entreprise.

Il est également nécessaire que le Maroc s'intègre davantage aux projets de câbles sous-marins menés à l'initiative des GAFAM et des grands opérateurs internationaux. La présence de stations d'atterrage de câbles très hauts débits sur les côtes marocaines couplée à une politique d'attractivité vis-à-vis des grands acteurs du cloud comme les Amazon Web Services, Google Cloud, Microsoft Azur ou OVH permettraient au Maroc de se positionner comme un acteur africain de premier rang pour ce qui est des services hébergés.

---

[147] Loi du congrès des États-Unis votée le 30 juillet 1953 visant à favoriser les petites et moyennes entreprises du pays et notamment par une facilitation à l'accès aux marchés publics.

Ces différentes politiques doivent s'accompagner d'une intensification des efforts de formation dans le domaine du numérique avec des moyens qui permettent d'atteindre les objectifs de triplement des effectifs formés affichés depuis 2013. Ces efforts sont liés à la capacité du Maroc à accroître le nombre de diplômés du secondaire ayant les prérequis linguistiques (en français et en anglais) et techniques.

Enfin le Maroc doit faire émerger un pôle d'excellence en recherche numérique universitaire appliquée aux secteurs identifiés comme clé pour l'Afrique et le Maroc : agriculture (avec les *agritech*), environnement et énergies « vertes » (avec les *greentech*), finance (avec les *fintech*).

Le développement de cet écosystème numérique pourrait se faire grâce à l'adaptation au cadre marocain d'un « quadratype » éprouvé. L'utilisation d'une agence technique - qui pourrait être l'ADD - qui achète de la technologie ou conseille les administrations et forme les experts avant de les renvoyer vers les entreprises (1). Un incubateur-accélérateur, proche de l'agence technique, des universités qui apportent l'innovation et des utilisateurs-acheteurs (2). Des fonds d'investissement (3). Un réseau universitaire d'excellence numérique qui pourrait également accroître la visibilité du Maroc et favoriser l'implantation des acteurs mondiaux du numérique (4).

CONCLUSION

Nous avons vu dans cette étude que, sous le règne de Mohammed VI, le Maroc a mis en place une stratégie numérique volontariste, qui a débouché sur la création d'un secteur de l'*offshoring* dynamique et le positionnement du Maroc comme *hub* régional pour l'Afrique francophone, dans le domaine des équipements télécom et réseaux et du logiciel. Cependant, on retrouve dans le développement du numérique marocain les limites déjà mises en exergue par Alain Piveteau et Pauline Lectard dans leurs travaux.

Un secteur monétique dynamique a bien été créé, et les positions de Maroc Télécom en Afrique de l'Ouest sont une réussite. Mais, malgré la probable consolidation de la présence d'Orange, le secteur du numérique reste dominé par l'*offshoring*, dont la contribution à la valeur ajoutée produite par le Maroc est vraisemblablement faible. On ne peut vraiment parler d'une Base Industrielle et Technologique Numérique (BITN), d'autant que la pérennité du secteur dépend pour une large partie des décisions prises par des acteurs dont les sièges se trouvent en dehors du Maroc.

La Covid-19 va vraisemblablement entraîner une restructuration des Chaînes de Valeur Mondiales. Les groupes internationaux pourraient être tentés de relocaliser les activités liées à l'*offshoring* - par nature non stratégiques pour les entreprises qui y ont recours - vers des zones à plus bas coût, comme l'Afrique de l'Ouest ou Madagascar. D'autres services plus sensibles, comme l'externalisation des processus métiers (BPO) pourraient même être relocalisés vers l'Europe ; l'augmentation des coûts de production consécutive aux relocalisations pourrait engendrer une pression à la baisse sur le coût d'activités non stratégiques.

À moyen terme, en tout cas, ce changement de paradigme pourrait avoir de lourdes conséquences sur l'industrie numérique marocaine, qui souffrirait alors du manque de développement de ses Entreprises de Services Numériques (ESN) et de ses spécialistes en Ingénierie Conseil et Technologie (ICT), faisant ainsi la part belle à des acteurs étrangers pour poursuivre la numérisation de son économie. En effet, à l'exception du secteur de la monétique, il semble que les ESN et les ICT marocaines participent peu à la numérisation de l'économie marocaine, comme à celle des autres économies d'Afrique.

Si notre étude présente l'intérêt d'être l'un des premiers travaux sur la géopolitique du numérique au Maroc et d'avoir eu une approche holistique, en analysant le secteur numérique marocain sous différents angles, elle rencontre cependant un certain nombre de limites. Nous avons ainsi manqué de données quantitatives sur la valeur ajoutée des entreprises, sur l'emploi du secteur, sur les investissements directs à l'étranger (IDE) réalisés par les entreprises du numérique marocain autres que Maroc Telecom. Nous n'avons pas non plus été en mesure d'évaluer la part prise par les Entreprises de Services Numériques (ESN) et les entreprises d'Ingénierie Conseil et Technologie (ICT) marocaines à la numérisation des entreprises et administrations du pays. Il semblerait ainsi que les caractéristiques et les limites de ce secteur soient encore mal identifiées, et cela au Maroc même. C'est, nous semble-t-il, une des missions à laquelle devrait s'atteler une agence comme l'ADD, afin de pouvoir faire un diagnostic plus précis des carences dont souffre le secteur.

Nous avons également mis en évidence une évolution des partenariats du Maroc dans le domaine numérique. Certes, le Maroc cultive sa relation avec l'Union européenne, et la France en particulier, dans le domaine civil et le cyber. Il en va de même avec les États-Unis, dans le domaine cyber et dans celui du renseignement d'origine électromagnétique (ROEM), via notamment son partenariat avec l'OTAN. Mais le Maroc renforce aussi ses liens avec l'Orient.

Ces liens sont apparus de manière évidente avec le rachat en 2015 par l'émirati Etisalat des parts détenues par Vivendi dans Maroc Telecom. L'année 2015 correspond également au passage en technologie 100 Gbps du câble SEA-ME-WE3, qui relie sur 39 000 km l'Europe à la Chine, en passant par le Maroc et les Émirats Arabes Unis. Ils apparaissent également de manière plus discrète, à travers le financement par les Émirats Arabes Unis et l'Arabie Saoudite de l'acquisition de technologies ISR (Intelligence Surveillance et Reconnaissance, d'origine américano-israélienne), ou encore l'intégration du Maroc au dispositif *Silk Road E-Merchants* de la China Merchant Ports (voir chapitre 3 titre III).

On ne peut à ce stade parler de pivot stratégique, mais seulement de signaux faibles. Cette analyse aurait donc mérité d'être complétée par une analyse des flux de données émanant du Maroc. Une analyse de la couche logique du cyberespace aurait peut-être ainsi permis de mettre en évidence une redirection graduelle du trafic de données marocain, qui transitait initialement par l'Europe, vers le Moyen-Orient et l'Orient à travers le câble SEA ME WE3. Ces analyses de routage BGP[148] permettraient peut-être de mettre en évidence une évolution des rapports de force. Les techniques développées par le Laboratoire GEODE, au sein de Paris 8, pourraient utilement être appliquées au cas marocain.

De même il aurait été instructif de mener une analyse diachronique de la diffusion sur le Web marocain de contenus d'origine chinoise, voire de ceux originaires de la péninsule arabique, comme cela a été fait à l'échelle de l'Afrique francophone, pour les contenus russes et chinois (Douzet et al., 2020). Enfin, il serait intéressant d'analyser les positions que prendra le Maroc vis-à-vis de la 5G. Lié à l'Europe et aux États-Unis, le Maroc adoptera-t-il une position aussi ferme vis-à-vis de Huawei et de ZTE que celles des principaux alliés européens des États-Unis ?

Ainsi, ce travail esquisse quelques réponses, mais pose tout autant de questions. Au confluent de trois espaces, le Maroc est soumis à des influences diverses et développe sa propre sphère d'influence. Le secteur numérique marocain, vecteur de la politique de rayonnement mise en œuvre par le royaume, est également un enjeu pour l'Union Européenne et les États-Unis, qui y sont traditionnellement présents. C'est aussi un nouveau terrain de conquête pour la Chine, comme l'ensemble de l'Afrique. Or ce terrain d'affrontement entre grands acteurs du numérique se situe dans un contexte de fragmentation du cyberespace : selon l'ancien président de Google Eric Schmidt, celui-ci pourrait se diviser en deux sphères, l'une dirigée par les États-Unis et l'autre par la Chine. Il sera donc intéressant d'analyser les prises de position du Maroc et de les replacer dans le contexte régional qu'est celui de l'Afrique.

[148] Border Gateway Protocol ou protocole d'échange de route externe

BIBLIOGRAPHIE

Abourabi, Y. (2015). Les relations internationales du Maroc : Le Maroc à la recherche d'une identité stratégique. In *Le Maroc au présent : D'une époque à une autre, une société en mutation*. Centre Jacques-Berque.

Abourabi, Y. (2016). *Diplomatie et politique de puissance du Maroc en Afrique sous le règne de Mohammed VI*.

Abourabi, Y. (2019). *Maroc* (Deboeck Supérieur). Deboeck.

Stratégie Nationale en Matière de Cybersécurité, (2013). https://www.dgssi.gov.ma/sites/default/files/attached_files/strategie_nationale.pdf

Amnesty International. (2020, juin). *NSO Group : Son logiciel espion cible un journaliste marocain*. Amnesty France. https://www.amnesty.fr/liberte-d-expression/actualites/nso-group--son-logiciel-espion-cible-un-journaliste

ANRT. (2004). *Du développement des centres d'appels à l'émergence du BPO au Maroc*.

ANRT. (2007). *Les centres d'appel au Maroc : État des lieux et perspectives de développement*.

BAD. (2018). *Analyse de la politique commerciale du Maroc* (Volume 2 ; Impact de la politique tarifaire du Maroc sur sa position de hub à destination de l'Afrique). Banque Africaine de Développement.

Banque Mondiale. (2015). *Broadband Networks in the Middle East and North Africa : Accelerating High Growth*.

Banque Mondiale. (2016a). *World Development Report 2016 : Digital Dividends*.

Banque Mondiale. (2016b). *Broadband : The platform of the digital economy and a critical development challenge for Morocco* [Note pour le MICIEN]. Groupe Banque Mondiale.

Banque Mondiale. (2018). *GDP (current US$)—Morocco | Data*. https://data.worldbank.org/indicator/NY.GDP.MKTP.CD?locations=MA

Banque Mondiale. (2019). *Créer des marchés au Maroc. Une deuxième génération de réformes : Stimuler la croissance du secteur privé, la création d'emplois et l'amélioration des compétences. Diagnostic du secteur privé*. Groupe Banque Mondiale.

BBC News. (2004, juin 4). *US rewards Morocco for terror aid* [Site d'archive]. Wikiwix. http://archive.wikiwix.com/cache/index2.php?url=http%3A%2F%2Fnews.bbc.co.uk%2F2%2Fhi%2Fafrica%2F3776413.stm

BearingPoint. (2020). *Enseignement supérieur au Maroc : État des lieux et regards croisés*.

Benhamou, B., & Sorbier, L. (2006). Souveraineté et réseaux numériques. *Politique étrangère, 3.*
Borga, M., & Kothe, E. (2018). *Examen des statistiques d'investissement directs internationaux au Maroc* [Programme Pays Maroc]. OCDE.
Botbol, M., & Gastineau, P. (2018, janvier 17). Comment Washington et Riyad vont faire de Rabat un poids lourd de l'ISR. *Intelligence Online.*
Bounfour, A. (2017). *Transformation numérique et maturité des entreprises et administrations marocaines.* IRES.
Bras, J.-P. (2007). Internet au Maroc et en Tunisie. In *Le Maghreb dans l'économie numérique.* Institut de recherche sur le Maghreb contemporain. https://doi.org/10.4000/books.irmc.386
Catusse, M. (2013). La question sociale aux marges des soulèvements arabes : Leçons libanaises et marocaines. *Critique internationale, 61*(4), 19-34. Cairn.info. https://doi.org/10.3917/crii.061.0019
CEA. (2017). *Territorialisation de la politique industrielle et croissance inclusive en Afrique du Nord.* ONU.
CESE. (2016). *La transformation digitale au coeur du Service au Citoyen et pour un Développement Économique Fort.* CESE.
CESE. (2017). *Changement de paradigme pour une industrie dynamique au service d'un développement soutenu, inclusif et durable* (Auto-Saisine n°30/2017). CESE.
CNUCED. (2010). *Guide de l'Investissement au Maroc.* Nations Unies.
Commission des Communautés Européennes. (2006). *A strategy for a Secure Information Society—"Dialogue, partnership and empowerment".* https://ec.europa.eu/smart-regulation/impact/ia_carried_out/docs/ia_2006/sec_2006_0656_en.pdf
Commission des Communautés Européennes. (2008). *Assurer la sécurité dans un monde en mutation* (S407/08). https://www.consilium.europa.eu/ueDocs/cms_Data/docs/pressdata/FR/reports/104632.pdf
Cotton, A.-M., & Abil, A. (2019). Processus d'institutionnalisation : L'exemple des community managers politiques en Belgique francophone et au Maroc. *Communication & management, 16*(2), 31-49. Cairn.info. https://doi.org/10.3917/comma.162.0031
Cour des Comptes. (2014). *Évaluation de la Stratégie Maroc Numeric 2013.*
CSEFRS. (2019). *Réforme de l'enseignement supérieur Perspectives stratégiques* (N° 5). Conseil Supérieur de l'Éducation de la Formation et de la Recherche Scientifique. https://www.csefrs.ma/wp-content/uploads/2019/07/enseignement-supe%CC%81rieur-fr.pdf
Dafir, A. (2012). La diplomatie économique marocaine en Afrique subsaharienne : Réalités et enjeux. *Géoéconomie, 63*(4), 73-83. Cairn.info. https://doi.org/10.3917/geoec.063.0073
Danet, D., & Desforges, A. (2020). Souveraineté numérique et autonomie stratégique en Europe : Du concept aux réalités géopolitiques. *Hérodote, 177-178.*
Daviet, S. (2015). Internationalisation : Les nouvelles ambitions des groupes tunisiens et marocains. In *L'entrepreneuriat transméditerranéen* (IRMC-Karhala, p. 99-116).

de La Coste, P. (2006). La gouvernance internationale de l'internet. *Politique étrangère*, *3*.
Debrié, J., & Mareï, N. (2018). Politiques territoriales et évolution des registres d'action de l'État au Maroc : Une entrée la logistique. *L'Espace Politique*, *36*(3).
Delerue, F. (2020). *Cyber Operations and International Law*.
Directive Nationale sur la Sécurité des Systèmes d'Information (DNSSI), (2013). https://www.dgssi.gov.ma/sites/default/files/attached_files/directive_nationale_de_la_securite_des_systemes_d_information.pdf
Direction des Études et des Prévisions Financières. (2012). *Performance commerciale du Maroc sur le marché de l'Afrique Subsaharienne*. Ministère de l'Économie et des Finances.
Douzet, F., & Géry, A. (2020). Le cyberespace, ça sert d'abord à faire la guerre. Prolifération, sécurité et stabilité du cyberespace. *Hérodote*, *177-178*.
Douzet, F., Limonier, K., Mihoubi, S., & René, E. (2020). Cartographier la propagation des contenus russes et chinois sur le Web africain francophone. *Hérodote*, *177-178*.
El Filali, I. (2019). *Offshoring* (Critique Économique).
El Houadaigui, Rachid. (2019). Moroccan Armed Forces in the Face of Geopolitical Mutations. *REPATS*, *Special Issue*(2).
El Mokri, K. (2016). *La stratégie industrielle 2014-2020 du Maroc et ses implications potentielles sur le processus de transformation structurelle* (PB-16/27; Policy Brief). Policy Center for the New South.
El-Katiri, M. (2015). *From assistance to partnership : Morocco and its foreign policy in West Africa*. Strategic Studies Institute, US Army War College.
Esterle, A., Ranck, H., & Schmitt, B. (2005). *Information security : A new challenge for the EU*. European Union Institute for Security Studies (EUISS).
Hathaway, M., & Spidalieri, F. (2018). *Kingdom of Morocco Cyber Readiness at a Glance* (Cyber Readiness Index 2.0). Potomac Institute for Policy Studies.
Haute Représentante de l'UE pour la politique étrangère et la politique de sécurité. (2017). *Résilience, dissuasion et défense : Doter l'UE d'une cybersécurité solide*. https://eur-lex.europa.eu/legal-content/FR/TXT/PDF/?uri=CELEX:52017JC0450&from=en
Henni, J. (2013, décembre 16). *Pourquoi Orange investit à l'étranger via des holdings belges*. BFM BUSINESS. https://bfmbusiness.bfmtv.com/entreprise/orange-investit-a-letranger-via-holdings-belges-668166.html
Hibou, B., & Tozy, M. (2015). Une lecture wébérienne de la trajectoire de l'État du Maroc. *Sociétés politiques comparées*, *37*.
Hida, B. S. (2011). Mobilisations collectives à l'épreuve des changements au Maroc. *Revue Tiers Monde*, *HS*(5), 163-188. Cairn.info. https://doi.org/10.3917/rtm.hs01.0163
Hughes, R. B. (2009). *NATO and Cyber Defence : Mission accomplished?* (Ap: 2009 nr1/4). Center for Strategic Leadership - United State Army War College. https://csl.armywarcollege.edu/SLET/mccd/CyberSpacePubs/NATO%20and%20Cyber%20Defence%20-%20Mission%20Accomplished.pdf
Kalika, A. (2019). *Le « grand retour » de la Russie en Afrique*. IFRI.
Kent, M. (2004). Spam regulation and Australia : National Sovereignty and the .au. *Australian Quarterly*, *76*(4).

Khadija, K. (2019). De l'espace public concret à l'espace public virtuel : Construction d'un nouvel espace d'expression? In *L'internet au Maroc : Militantismes, sociabilités et solidarités numériques* (L'Harmattan).

La France, nouvel eldorado des ingénieurs marocains. (2019, avril 12). Les Échos Start. https://start.lesechos.fr/innovations-startups/tech-futur/la-france-nouvel-eldorado-des-ingenieurs-marocains-1175582

La Nouvelle Tribune. (2018, octobre 12). Maroc Telecom renforce sa connectivité au Maroc et en Afrique, pour préparer la 5G. *La Nouvelle Tribune.* https://lnt.ma/maroc-telecom-renforce-connectivite-maroc-afrique-preparer-5g/

Lacoste, Y. (2008). La géographie, la géopolitique et le raisonnement géographique. *Hérodote*, *130*, pp 17-42.

Le360. (2013, novembre 12). *Le Maroc déjoue des cyberattaques du régime algérien.*

Le360.ma. https://fr.le360.ma/politique/le-maroc-dejoue-des-cyberattaques-du-regime-algerien-5787

Lectard, P., & Piveteau, A. (2020). Sortir de l'impasse exportatrice. In *in N. El Aoufi et B. Billaudot (ss. Dir.) Made in Maroc, Made in Monde* (Vol. 1, p. 175-204).

Lesser, I. O., Kemp, G., & Wimbush, S. E. (2012). *Morocco's New Geopolitics : A Wider Atlantic Perspective* (Wider Atlantic Series). Policy Center for the New South.

Lorot, P. (1999). La Nouvelle Grammaire des rivalités internationale. In *Introduction à la Géoéconomie* (Economica).

Lusaka Times. (2016, juillet 5). Zambia : Israel and 7 African countries agree to collaborate on security and economic matters. *LusakaTimes.Com.* https://www.lusakatimes.com/2016/07/05/israel-and-7-african-countries-agree-to-collaborate-on-security-and-economic-matters/

Luttwak, E. (1990). From Geopolitics to Geo-Economics : Logic of Conflict, Grammar of Commerce. *The National Interest*, *20*, 17-23.

Malika Abentak, & Noufissa Machkouri. (2019). Activisme numérique au Maroc : Illusion ou désillusion du Net? *Styles of Communication*, *11*(2), 7-26.

Malka, H. (2018). *Maghreb Neutrality : Maghreb-Gulf Arab Ties Since the GCC Split* [Analysis Paper]. CSIS.

Mareï, N. (2017). Régionalisation entre Maghreb et Afrique de l'Ouest : Regard géographique. *Interventions Économiques.*

Mareï, N. (2018). Maroc, aux frontières de l'Europe, une nouvelle porte de l'Afrique. In *Dictionnaire de la Régionalisation du Monde, Mareï N., Richard Y.* (Atlande, p. 284-286).

Mareï, N., Debrié, J., & Lombard, J. (2019). Sur la route des métropoles logistiques du Sud. L'exemple de Casablanca. *Urbanité, Bouger en ville*(11).

Mareï, N., & Ninot, O. (2018). Entre Afrique du Nord et de l'Ouest, les relations transsahariennes à un moment charnière. *Bulletin de l'association de géographes français*, *95*(2). http://journals.openeditions.org/bagf/3189

Maroc Telecom. (2019, juillet 22). *Résultats Semestriels 2019 : Présentations aux analystes* [Présentation aux analystes]. https://www.iam.ma/Lists/TelechargementFinance/Attachments/1194/Maroc%20Telecom%20-%20Pr%C3%A9sentation%20R%C3%A9sultats_S12019_last.pdf

McKinsey. (2013). *Lions go digital : The Internet's transformative potential in Africa.*

Moisseron, J.-Y., & Daguzan, J.-F. (2019). Les ambitions régionales marocaines en Afrique Sub-saharienne : Une diplomatie royale. *Maghreb - Machrek, 240*(2), 77-91. Cairn.info. https://doi.org/10.3917/machr.240.0077

Mouline, M. T. (2016). La dimension atlantique de la politique étrangère du Maroc. *Géoéconomie, 79*(2), 111-122. Cairn.info. https://doi.org/10.3917/geoec.079.0111

Mouline, M. T. (2019, mars 16). Mot d'Introduction de M. Mohammed Tawfik Mouline Directeur Général de L'Institut Royal des Études Stratégiques. *La Transition Digitale : Clé de L'Émergence Africaine*. Bâtir une Afrique Puissante et Moderne au Service de la Jeunesse, Dakhla.

Nye, J. S. (1990). Soft Power. *Foreign Policy, 80*, 153-171.

OBG. (2020). *ICT Overview* (THE REPORT Morocco 2020). Oxford Business Group.

OCDE. (2017). *Examen multidimensionnel du Maroc : Volume 1. Évaluation initiale* (Éditions OCDE) [Les voies de développement]. OCDE.

Pairault, T. (2018). La China Merchants à Djibouti : De la route maritime à la route numérique de la soie. *Espace Géographique et Société Marocaine, 24-25*.

Piveteau, A. (2018). Au Maroc, l'épreuve politique d'une industrialisation importée. *Afrique contemporaine, 2*(266), 75-96.

Renaud, P. (2007). Internet au Maghreb et au Machrek : De la « Recherche et Développement » à l'appropriation sociale. In *Le Maghreb dans l'Économie Numérique*. Institut de recherche sur le Maghreb contemporain. https://books.openedition.org/irmc/374?lang=en

Rhanem, K. (2018). Chapitre 5. Maroc – Les médias numériques et sociaux favorisent l'engagement citoyen des jeunes en faveur de la démocratie. In *Points de vue sur la jeunesse – Volume 4* (p. 69-73). Conseil de l'Europe ; Cairn.info. https://doi.org/10.3917/europ.coll.2018.01.0069

Richard, Y. (2014). Intégration régionale, régionalisation, régionalisme - Les mots et les choses. *Revue franco-brésilienne de géographie, 20*. http://confins.revues.org/8939

Türk, P. (2020). Définition et enjeux de la souveraineté numérique. *Cahiers Français, 415*.

UNESCO. (2017, août 23). *Stratégie Maroc Digital 2020*. Diversity of Cultural Expressions. https://en.unesco.org/creativity/periodic-reports/measures/strategie-maroc-digital-2020

Vairel, F. (2014). *Politique et mouvements sociaux au Maroc. La révolution désamorcée ?* Presses de Sciences Po ; Cairn.info. https://www.cairn.info/politique-et-mouvements-sociaux-au-maroc--9782724615951.htm

Valladao, A. G. A. (2020). *L'aéronautique au Maroc : Histoire d'un succès inattendu* (Policy Paper PP-20/02). Policy Center for the New South.

Vloeberghs, W. (2011). Quand le royaume rayonne. La géopolitique marocaine au prisme du commerce extérieur. *Confluences Méditerranée, n°78*, 157-170.

Wezeman, P. D., Fleurant, A., Kuimova, A., Lopes da Silva, D., Tian, N., & Wezeman, S. T. (2020). *Trends in International Arms Transfers, 2019* (SIPRI Fact Sheet). SIPRI.

Wippel, S. (2003). Le renouveau des relations marocaines avec l'Afrique subsaharienne : La formation d'un espace économique transsaharien ? In *Les*

relations transsahariennes à l'époque contemporaine (p. 27-60). Éditions Karthala ; Cairn.info. https://doi.org/10.3917/kart.marfa.2003.01.0027
Zunes, S. (1987). The United States and Morocco : The Sahara War and Regional Interests. *Arab Studies Quarterly*, *9*(4), 422-441. JSTOR.

Sitographie

Atlas Mondial de Données : https://knoema.fr/
Discours du roi Mohammed VI: http://www.maroc.ma/fr/discours-du-roi
Informations gratuites sur les entreprises marocaines : www.kerix.net
Observatoire des politiques digitales : https://dig.watch/
OTAN : http://www.nato.int
Portail de la Cybersécurité de l'UNIDIR : https://unidir.org/cpp/en/
Résultats de votes aux Nations Unies : https://www.un.org/fr/ga/documents/voting.asp
UIT Index Global de la Cybersécurité : https://www.itu.int/en/ITU-D/Cybersecurity/Pages/global-cybersecurity-index.aspx

ANNEXES

ANNEXE 1 : DISCOURS AUX FAR DU 14 MAI 2019

A l'occasion du 63-ème anniversaire de la création des Forces Armées Royales (FAR), Sa Majesté le roi Mohammed VI, Chef suprême et Chef d'État-Major général des FAR, a adressé, mardi, un ordre du jour aux officiers, sous-officiers et hommes de troupe.

En voici la traduction :

"Louange à Dieu.

Paix et salut sur le Prophète, Sa famille et Ses compagnons.

Officiers, sous-officiers et hommes de troupe,

En ce mois béni, mois de jeûne et de pardon, l'ensemble des Marocains célèbrent un événement national glorieux qui constitue une étape phare et mémorable dans l'histoire du Maroc moderne, il s'agit de la création des Forces Armées Royales, dont nous célébrons aujourd'hui le 63-ème anniversaire.

Nous saisissons cette occasion, chère et renouvelée, pour vous exprimer, membres de notre solide armée, toutes composantes confondues, terrestre, aérienne, navale et Gendarmerie royale, la haute sollicitude de Votre Chef suprême, tout en se félicitant de ce que vous avez réalisé lors de l'année précédente en actions louables au service de la défense de la Patrie, de son intégrité territoriale et de ses constantes suprêmes.

Si Nous sommes animés aujourd'hui de sentiments de fierté et de considération quant à la place honorable et la bonne réputation dont jouissent Nos Forces Armées Royales parmi les armées du monde, tout le mérite en cela revient essentiellement à la sagesse de Notre Grand-père, le Roi combattant Mohammed V et Son compagnon de lutte, Notre vénéré Père, Sa Majesté le Roi Hassan II, que Dieu ait leurs âmes, qui ont eu l'honneur de construire et de bâtir cette institution authentique, ayant pour fondements l'attachement aux constantes et aux valeurs suprêmes de la Patrie et comme but la défense du Maroc et la préservation de son territoire, de son indépendance et de son unité.

Le Tout-Puissant Nous a gratifié en Nous guidant, tout au long des vingt dernières années, à emboîter le pas à ces deux grands Souverains afin de poursuivre la gestion des affaires de Nos Forces Armées Royales selon une vision globale, fondée sur la préparation d'une armée professionnelle ouverte sur son environnement continental et international, tout en privilégiant modernité et progrès et en s'intéressant au développement de ses connaissances militaires et scientifiques sur des bases précises, une méthodologie de planification claire et une mise en pratique efficiente sur le terrain.

Officiers, sous-officiers et hommes de troupe,

Vous appartenez à une patrie séculaire, dont vous devez être fiers de son histoire et de ses gloires, et à un peuple fidèle et uni attaché à son Roi et à sa Patrie. Pour consacrer ce sentiment partagé, Nous avons décidé de rétablir le service militaire afin de permettre aux jeunes Marocains, de sexes masculin et féminin, d'accomplir leur devoir national, de s'inspirer des valeurs de l'institution militaire et d'étudier, bénéficier, travailler, produire, d'être utiles et de contribuer à la renaissance de leur pays et de leur société, tout en étant fiers de leur appartenance et de leur marocanité et en préservant l'authenticité et les constances de leur Nation.

Partant de ce constat, Nous avons confié aux cadres de Nos Forces Armées Royales la mission de superviser les appelés au service militaire dans sa nouvelle version, selon des programmes d'enseignement étudiés et diversifiés englobant des domaines et des spécialités multiples visant à diversifier les connaissances et affiner les compétences des jeunes Marocains en harmonie avec nos valeurs nationales constantes et les principes du vrai soldat.

Nous sommes convaincus que nos jeunes tireront profit de cette adhésion, qui va leur garantir une qualification militaire exemplaire, basée sur l'esprit de responsabilité et d'autonomie et d'appartenance à la patrie, outre les expertises techniques et professionnelles en adéquation avec leurs potentialités et leurs ambitions, ce qui va renforcer leurs capacités propres à contribuer de manière créative à générer des opportunités d'emploi.

Ce qu'ils vont acquérir en termes de valeurs de travail et de discipline et ce dont ils vont bénéficier en termes d'encadrement sur le plan éthique, psychologique et moral vont contribuer à accompagner cet élan de progrès, de réalisations et de développement que Nous souhaitons pour Nos jeunes, dont les fruits escomptés seront récoltés par notre pays grâce à ce que les promotions successives vont acquérir en compétences professionnelles et en expériences de vie sans précédent.

Officiers, sous-officiers et hommes de troupe,

Les missions et les responsabilités confiées à Nos Forces Armées Royales ne se limitent plus à des domaines de compétence purement militaire, mais sont devenues plus diversifiées à dimensions sécuritaire, humaine, sociale et éducative, nécessitant une adaptation avec les différentes nouveautés, ce qui exige la formation et la qualification continues, ainsi que la mobilisation permanente pour faire face à tous les défis avec sagesse et professionnalisme, c'est d'ailleurs ce que Nous avons ressenti lors de vos diverses interventions sur le terrain, preuve de votre bonne formation et bon entrainement, de la qualité de vos compétences humaines et de votre disposition à accomplir vos nobles missions.

Nous saluons également vos efforts continus dans le domaine humanitaire solidaire en matière de gestion des catastrophes naturelles, notamment les feux de forêt et les inondations, ou encore vos interventions médicales et sociales pour contribuer à alléger les souffrances, à fournir de l'assistance et du soutien et à l'octroi d'aides dans les zones marquées par des conditions climatiques rudes, à travers la mise en place d'hôpitaux militaires de campagne, qui mettent à la disposition des personnes affectées dans de nombreuses régions de notre Royaume chérifien, l'ensemble des compétences et spécialités.

Nous ne manquons pas de rendre hommage aux troupes de nos Forces Armées Royales, déployées aux frontières de notre cher Sahara et dans les zones frontalières, et qui veillent nuit et jour au contrôle des frontières, mobilisées en toutes circonstances pour défendre l'unité de la Nation et préserver sa sécurité et sa stabilité. Nous citons particulièrement les membres de nos contingents déployés dans les Républiques démocratiques du Congo et centrafricaine, renforcés par la présence distinguée de la femme marocaine, qui exprimé jour après jour ses compétences sur le terrain et sa capacité à accomplir des missions difficiles, jusqu'alors réservées exclusivement aux hommes.

Dans ce sens, Nous notons la participation des Forces Armées Royales dans la préparation et la formation des éléments de ces contingents, conformément aux nouvelles normes de l'Organisation des Nations-Unies. Nous avons toujours exprimé à son Secrétaire général, notre engagement de principe de participer à leur mise en œuvre et leur application, afin de concrétiser les grands objectifs de l'ONU dans la préservation de la sécurité et de la paix internationales.

Officiers, sous-officiers et hommes de troupe,

Notre ambition aujourd'hui est que Nos Forces Armées Royales continuent constamment à aller de l'avant, ce qui Nous pousse à Nous intéresser à la formation militaire et à en faire une locomotive de développement de vos capacités et de renforcement de votre potentiel, tout en veillant à développer la coopération militaire avec notre environnement africain et au niveau international, pour échanger les expériences et les expertises, et à organiser des manœuvres conjointement avec de nombreuses armées des pays amis, afin d'assimiler les nouvelles méthodes et techniques et d'accompagner l'évolution rapide des domaines de la sécurité et de la défense.

En vue d'acquérir de nouvelles connaissances et de développer les compétences nécessaires pour compléter les acquis réalisés conformément aux plans et programmes dont nous avons ordonné l'exécution, Nous avons donné Nos Hautes instructions aux services de l'État-Major général pour mettre en œuvre les programmes de recherche scientifique, technique et d'ingénierie et œuvrer à les renforcer et les développer dans tous les domaines militaires et sécuritaires ; et ce à travers la conclusion de partenariats et de conventions avec les instituts nationaux supérieurs, dans les domaines de la recherche scientifique appliquée, en vue de développer les compétences propres à l'Armée royale marocaine.

Dans le même cadre, Nous avons donné Nos Hautes instructions pour actualiser les méthodes de formation militaire dans ses différents niveaux, les rendre plus harmonieuses et complémentaires, unifier les programmes et manuels scolaires militaires et pour mettre en place des mécanismes communs de travail, permettant de profiter mutuellement des formations disponibles dans les différentes écoles et différents instituts nationaux. **Ce programme comprend aussi le développement des Forces Armées Royales et la modernisation de leurs capacités militaires et de défense et l'amélioration de leur disposition au combat pour les différentes armes pour faire face aux menaces et dangers actuels et futurs, y compris les menaces terroristes, électroniques et cybernétiques**.

En concrétisation de la Haute sollicitude dont Notre Majesté ne cesse d'entourer la promotion des conditions sociales de la famille de Nos Forces Armées Royales, Nous avons donné Nos Hautes instructions pour préserver vos acquis matériels, améliorer les conditions de votre travail quotidien et pour mettre à votre disposition tous les moyens nécessaires pour remonter votre moral, afin que vous restiez toujours, sous Notre sage conduite, garant de la paix et de la sécurité de la patrie et un bouclier solide pour la protection de son intégrité, de sa souveraineté et de ses institutions.

Officiers, sous-officiers et hommes de troupe,

En pareilles occasions mémorables, Nous nous remémorons avec respect et considération la mémoire des deux Leaders défunts, Notre Grand-Père Sa Majesté le Roi Mohammed V, Père de la Nation et fondateur des Forces Armées Royales, et Notre vénéré Père Sa Majesté le Roi Hassan II, unificateur du Maroc moderne, implorant le Tout-Puissant de les rétribuer amplement pour la Patrie et les accueillir en sa sainte miséricorde avec les Prophètes, les saints, les martyrs et les vertueux, ce sont là d'excellents compagnons .

Nous prions également Dieu de répandre Sa miséricorde sur Nos martyrs bénis qui ont sacrifié leurs âmes pures dans la défense de la patrie, son unité et de sa dignité

Puisse Dieu couronner de succès vos actions, vous assister et guider vos pas sur la voie de vos prédécesseurs au service de ce pays sûr, tout en préservant les constantes nationales et les valeurs suprêmes et en s'attachant à nos liens indéfectibles, fidèles au serment de la Marche Verte, disposés à dispenser aux générations montantes l'amour de la patrie et l'esprit du sacrifice attachés en cela à votre devise éternelle : Dieu, la Patrie, le Roi".

MAP 14/05/2019

ANNEXE 2 : IDE MAROCAINS ET PRÉSENCE DE MAROC TÉLÉCOM EN AFRIQUE

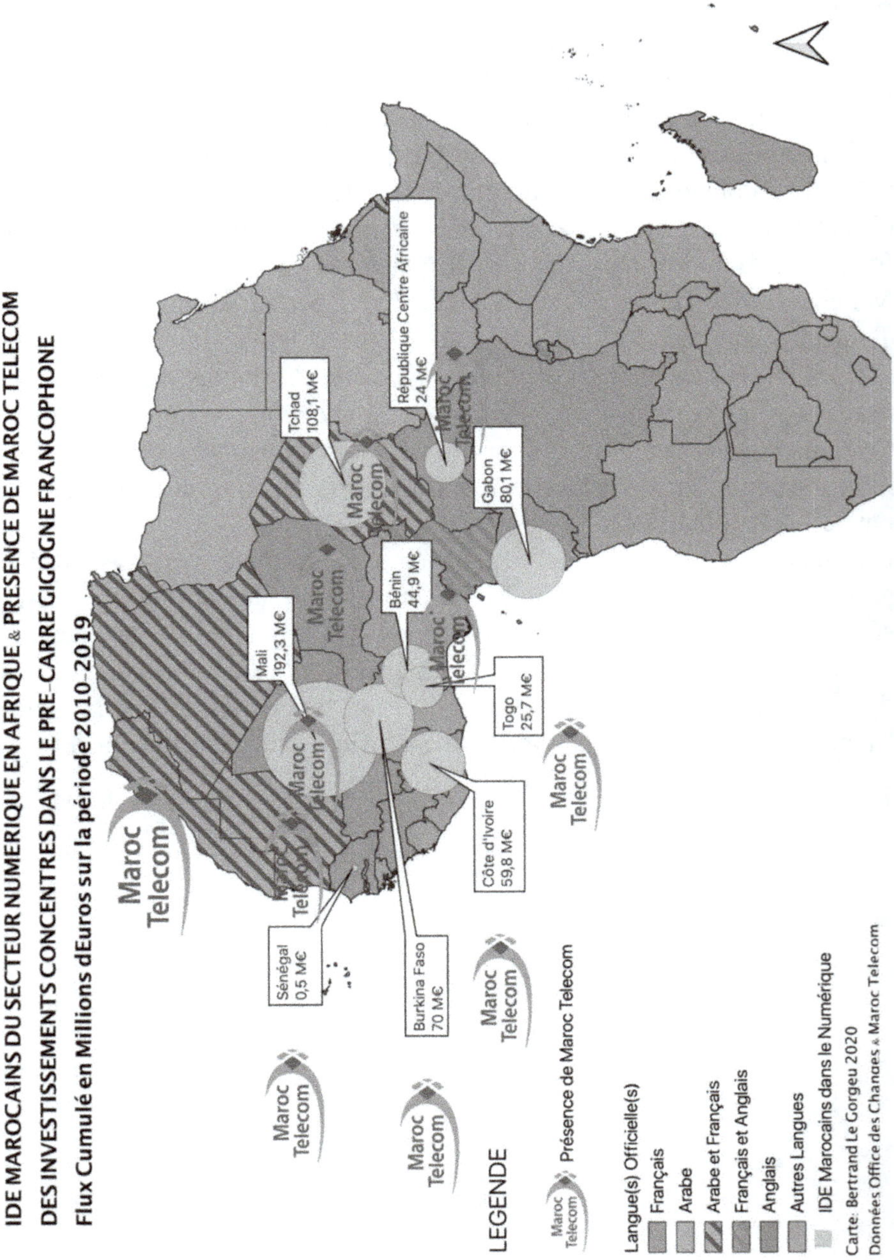

ANNEXE 3 : TABLEAU COMPARÉ DU TRAFIC DES PRINCIPAUX SITES WEB MAROCAINS ET FRANÇAIS

Données Alexa Maroc & France au 18/06/20

Nom	Origine	Nature	Rang sur 50 Premiers Sites Marocain
Jumia.ma	Nigeria	e-commerce	9
Amazon.com	USA	e-commerce	15
Aliexpress.com	China	e-commerce	17
Ebay.com	USA	e-commerce	23
Myshopify.com	Canada	e-commerce	27
Avito.ma	Russie	e-commerce	33
Moteur.ma	Maroc	e-commerce	47
Udemy.com		éducation	42
Men.gov.ma		éducation	43
Youtube.com		Média Social	2
Facebook.com		Média Social	5
Alayam24.com		Média Social	7
Blogspot.com		Média Social	19
Instagram.com		Média Social	22
Wikipedia.org		Média Social	24
Stackoverflow.com		Média Social	41
Live.com		messagerie	28
Microsoft.com		messagerie	34
Mediafire.com		messagerie	38
Google.com		Moteur	1
Google.co.ma		Moteur	8
Google.fr		moteur	21
Yahoo.com		moteur	25
Dreamjob.ma		Moteur	31
Lexilogos.com		Moteur	40
Bongacams.com		Pornographie	20
Chouftv.ma		Presse	3
Hespress.com		Presse	4
2m.ma		Presse	6
Hibapress.com		Presse	10
Le360.ma		Presse	11
Anfaspress.com		Presse	12
Elbotola.com		Presse	13
Akhbarona.com		Presse	14
Almaghreb24.com		presse	16
Tanja24.com		Presse	18
Lesiteinfo.com		presse	26
Kech24.com		Presse	29
Goud.ma		Presse	32
Rue20.com		Presse	35
Nadorcity.com		Presse	36
Agadir24.info		Presse	39
Hesport.com		Presse	44
Al3omk.com		Presse	45
Medi1tv.com		Presse	46
Youm7.com		Presse	49
Netflix.com	USA	divertissement	30
Ofgogoatan.com		divers	37
Freepik.com		divers	48
Yalalla.com		divers	50

Nom	Origine	Nature	Rang sur 50 Premiers Sites Français
Credit-agricole.fr	France	Banque	21
Labanquepostale.fr	France	Banque	24
Mabanque.bnpparibas	France	Banque	43
Bongacams.com		divers	8
Livejasmin.com		divers	13
Padlet.com		divers	15
Reddit.com		divers	17
Chaturbate.com		divers	18
Vk.com		divers	19
Twitch.tv		divers	27
Laposte.fr	France	divers	30
Ok.ru	Russie	divers	37
Xhamster.com		divers	38
Zoom.us		divers	39
Bbcollab.com		divers	40
Index-education.net		divers	42
Office.com	USA	divers	45
Ecosia.org		divers	46
Netflix.com	USA	Divertissement	14
Jeuxvideo.com		Divertissement	35
Leboncoin.fr	France	e-commerce	4
Amazon.fr	USA	e-commerce	7
Ebay.fr	USA	e-commerce	23
Cdiscount.com	France	e-commerce	25
Aliexpress.com	Chine	e-commerce	31
Fnac.com	France	e-commerce	47
Ecoledirecte.com	France	éducation	49
Impots.gouv.fr	France	Gouvernement	12
Pole-emploi.fr	France	Gouvernement	20
Caf.fr	France	Gouvernement	22
Ameli.fr	France	Gouvernement	36
Youtube.com	USA	Média Social	2
Wikipedia.org	USA	Média Social	5
Facebook.com	USA	Média Social	11
Orange.fr	France	messagerie	9
Live.com	USA	messagerie	10
Free.fr	France	messagerie	16
Microsoft.com	USA	messagerie	29
Sfr.fr	France	messagerie	32
Microsoftonline.com	USA	messagerie	33
Laposte.net	France	messagerie	44
Msn.com	USA	messagerie	48
Google.com	USA	Moteur	1
Google.fr	USA	Moteur	3
Yahoo.com	USA	Moteur	6
Bing.com		Moteur	28
Pornhub.com		Pornographie	26
Lemonde.fr	France	Presse	34
Lefigaro.fr	France	Presse	41
Reverso.net	France	traduction	50

Source : www.alexa.com au 18/06/20

ANNEXE 4 : LES RÉSULTATS DU VOTE À LA CONFÉRENCE DE DUBAÏ

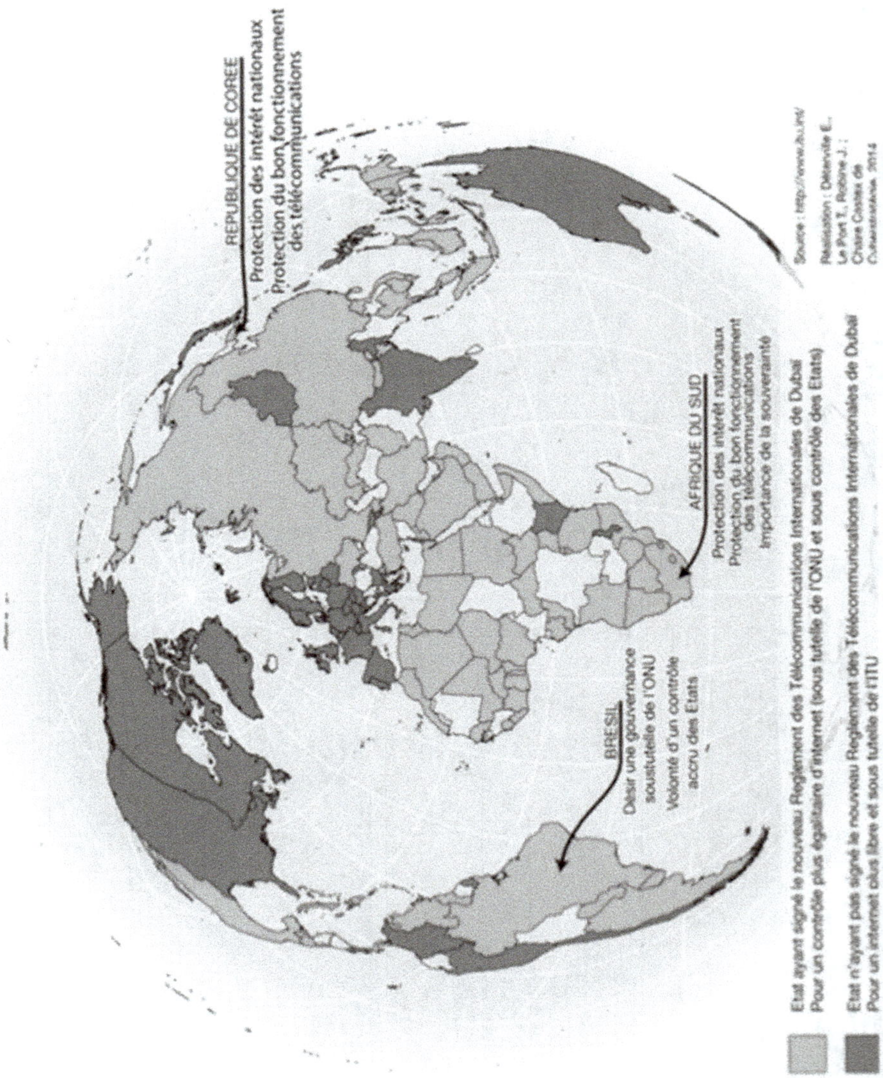

Source : *La balkanisation du web : chance ou risque pour l'Europe*, DAS, 2014

ANNEXE 5 : CHIFFRE D'AFFAIRES ET EFFECTIFS DES PRINCIPAUX ACTEURS DU NUMÉRIQUE MAROCAIN

Rang	Raison Sociale	Activité	Effectif estimé	Chiffre d'affaires en Euros	Origine Géographique	Pays
1	Maroc Telecom	Opérateur	7689	1 845 380 357 €	Maroc	Maroc
2	Inwi (e)	Opérateur	1100	600 000 000 €	Maroc	Maroc
3	Orange Maroc	Opérateur	1300	549 835 026 €	UE	France
4	Disway	Distribution	250	118 153 272 €	Maroc	Maroc
5	Electroplanet - Digibay	Distribution	700	107 930 965 €	Maroc	Maroc
6	Sicotel distribution	Distribution	16	98 287 907 €	Maroc	Maroc
7	Iwaco	Distribution	220	95 099 163 €	Maroc	Maroc
8	Intelcia	Offshoring	8000	90 912 526 €	Maroc	Maroc
9	Mobile.com	Distribution	175	80 010 577 €	Maroc	Maroc
10	First télécom	Distribution	125	72 914 262 €	Maroc	Maroc
11	Gocom	Distribution	350	69 443 174 €	Maroc	Maroc
12	Bestmark group	Distribution	350	69 108 543 €	Maroc	Maroc
13	Dell	Equipementier	3000	67 034 952 €	USA	USA
14	Tenor distrib	Distribution	350	56 723 742 €	Maroc	Maroc
15	Ibm Maroc	GAFAMI	N/A	48 624 372 €	USA	USA
16	Microdata	Intégrateur	75	47 940 727 €	Maroc	Maroc
17	Afrinetworks	Distribution	120	46 164 015 €	Maroc	Maroc
18	C.b.i.	Intégrateur	350	39 642 442 €	Maroc	Maroc
19	Data base factory maroc	Offshoring	160	38 035 485 €	UE	France
20	Disty Technologies	Distribution	35	36 890 758 €	Maroc	Maroc
21	Munisys*	Intégrateur	150	32 617 021 €	Maroc	Maroc
22	Phone assistance	Offshoring	500	31 343 948 €	UE	Espagne
	Extreme Networks	Distribution	38	27 000 000 €	UE	France
23	Sap north west africa ltd	ESN, ICT, Editeur	100	29 886 934 €	UE	Allemagne
24	Nokia Siemens network	Equipementier	N/A	29 138 423 €	UE	Finlande
25	Mci Maroc	Distribution	10	27 650 768 €	Maroc	Maroc
26	Mobil two	Distribution	35	26 448 039 €	Maroc	Maroc
27	Cetelec Maroc	Réparation	15	24 586 578 €	UE	France
28	Total call	Offshoring	750	24 301 179 €	UE	France
29	Hp - cdg it services	Equipementier	N/A	24 223 269 €	USA	USA
30	Sofrecom services maroc	ESN, ICT, Editeur	300	22 763 835 €	UE	France
31	Armor Industries	consommable informatique	350	22 513 865 €	UE	France
32	Intelcom	Intégrateur	150	22 363 635 €	UE	Espagne
33	Atos it services	ESN, ICT, Editeur	600	20 692 293 €	UE	France
34	Business casablanca 2S	Offshoring	350	20 214 127 €	UE	Italie
35	Alcatel Lucent Maroc	Equipementier	N/A	17 963 718 €	UE	Finlande
36	Eurafric information	Offshoring	350	17 957 887 €	Maroc	Maroc
37	Finatech group	Intégrateur	150	17 308 522 €	Maroc	Maroc
38	Didali	Distribution	25	17 114 178 €	Maroc	Maroc
39	Ingram Micro North Africa	Distribution	50	16 283 210 €	USA	USA
40	Dimension Data	Distribution	70	16 145 915 €	Afrique du Sud	Afrique du Sud
41	Corporate software	ESN, ICT, Editeur	35	15 623 416 €	Maroc	Maroc
42	Sqli Maroc	ESN, ICT, Editeur	350	15 599 507 €	Maroc	Maroc
43	Microsoft Maroc	GAFAMI	75	15 407 500 €	USA	USA
44	Atento Maroc	Offshoring	1200	14 815 182 €	UE	Espagne
45	Phone Serviplus	Offshoring	200	14 247 052 €	Maroc	Maroc
46	Ncr Maghreb	Intégrateur	75	13 815 514 €	Maroc	Maroc
47	Westcon Africa	Distribution	15	13 308 944 €	USA	USA
48	SouthComp Distribution Mar	Distribution	15	12 887 180 €	UE	France
49	Omnidata	ESN, ICT, Editeur	130	11 683 883 €	Maroc	Maroc
50	Ineos	Intégrateur	35	10 882 000 €	Maroc	Maroc
51	Webhelp Agadir	Offshoring	300	10 584 799 €	UE	France
52	Webhelp Grc	Offshoring	300	10 426 857 €	UE	France
53	Ecs informatique*	ESN, ICT, Editeur	40	10 023 515 €	Maroc	Maroc
54	Alten - G.Fit Maroc	ESN, ICT, Editeur	15	9 426 760 €	UE	France
55	Alomra Group International	ESSD	N/A	9 387 139 €	Maroc	Maroc
56	Joutech	Distribution	7	9 361 517 €	Maroc	Maroc
57	X office systems	Distribution	35	9 268 764 €	Maroc	Maroc
	Estimation Reste du secteur	Offshoring	88815	657 013 860 €	Divers	Divers

Source : Kerix pour les chiffres d'affaires, diverses pour les effectifs

ANNEXE 6 : LE RÉSEAU DE COMMUNICATION OPTIQUE IZPTEC

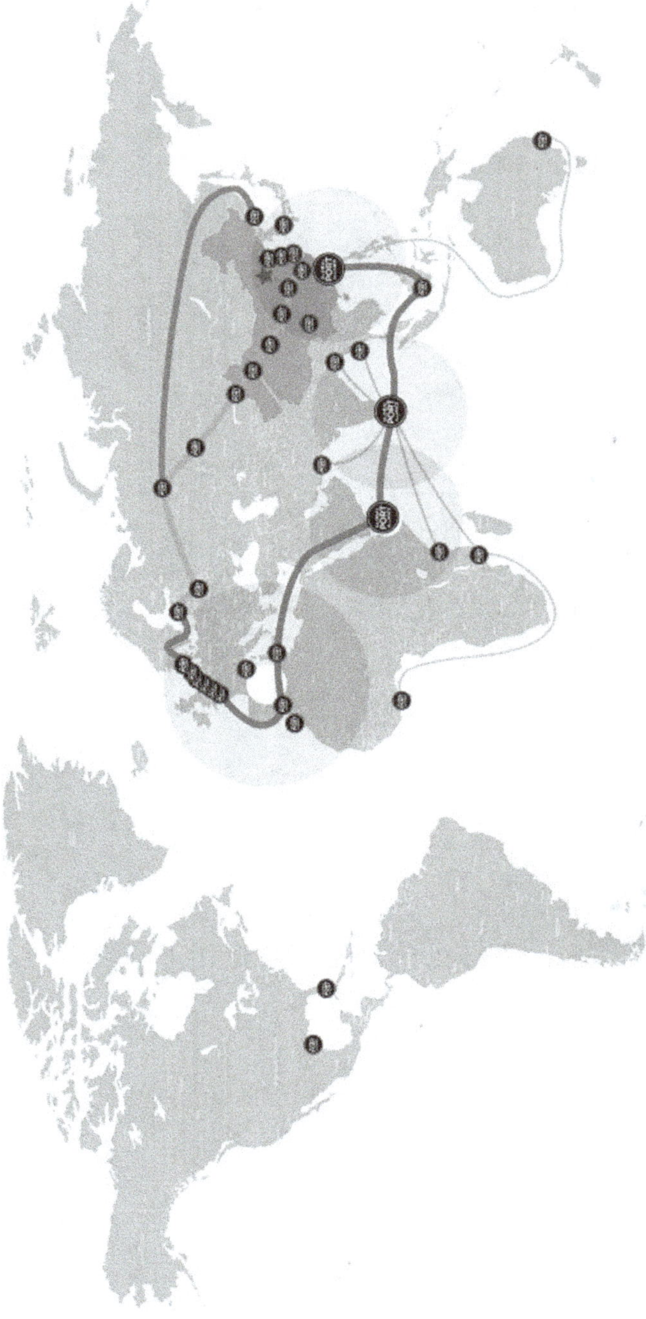

Source : http://www.izptec.com/

ANNEXE 7 : CARTE DES PRINCIPAUX DATA CENTERS MONDIAUX

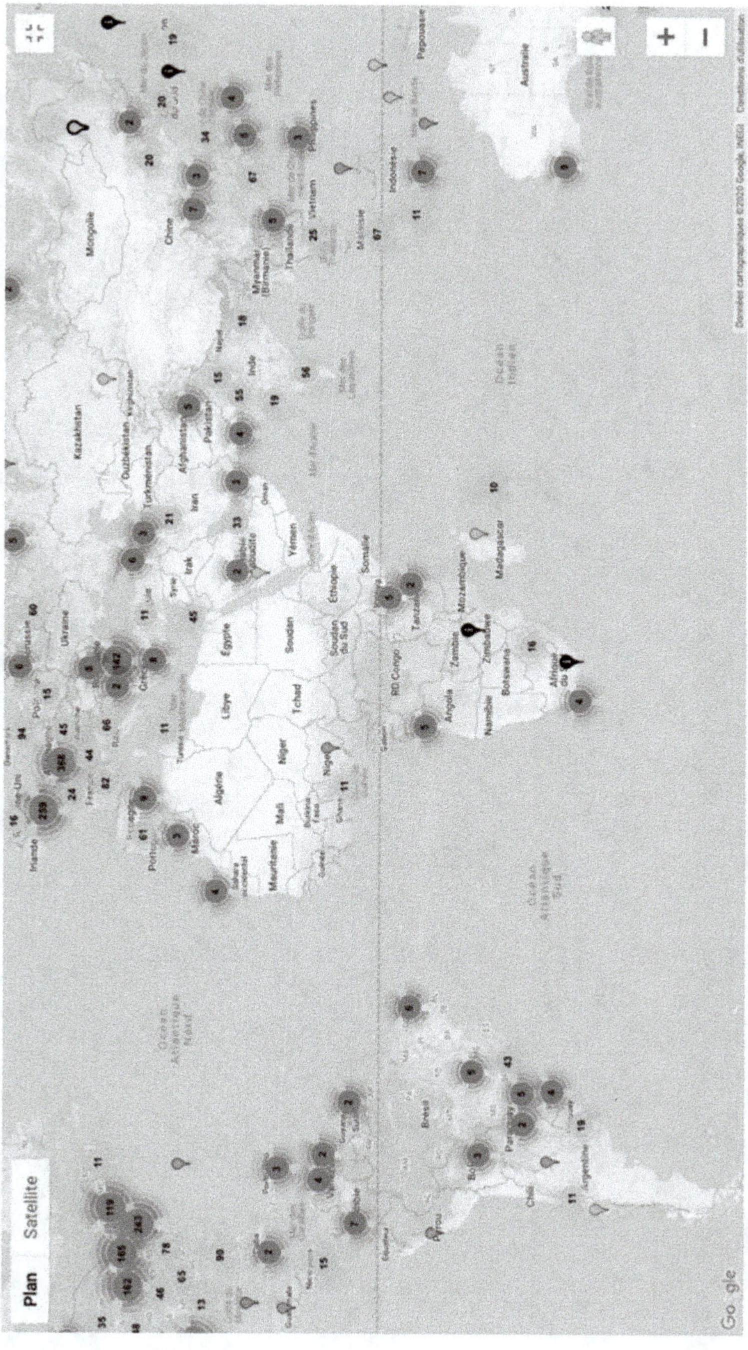

Source : www.datacentermap.com

ANNEXE 8 : MAROC NŒUD SECONDAIRE DE LA COUCHE PHYSIQUE DU CYBERESPACE AFRICAIN ?

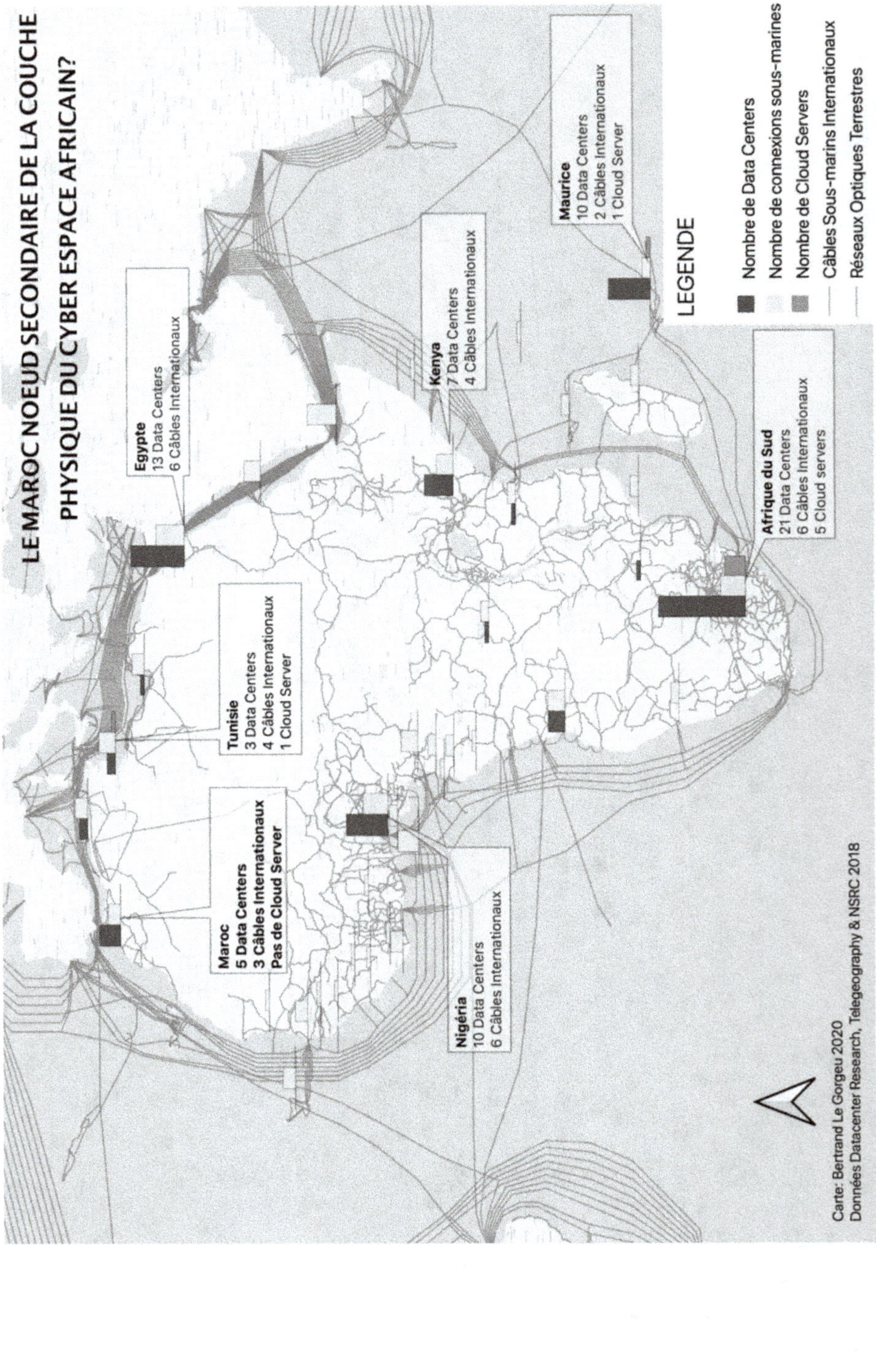

ANNEXE 9 : L'AFRIQUE DES CÂBLES SOUS-MARINS EN 2023

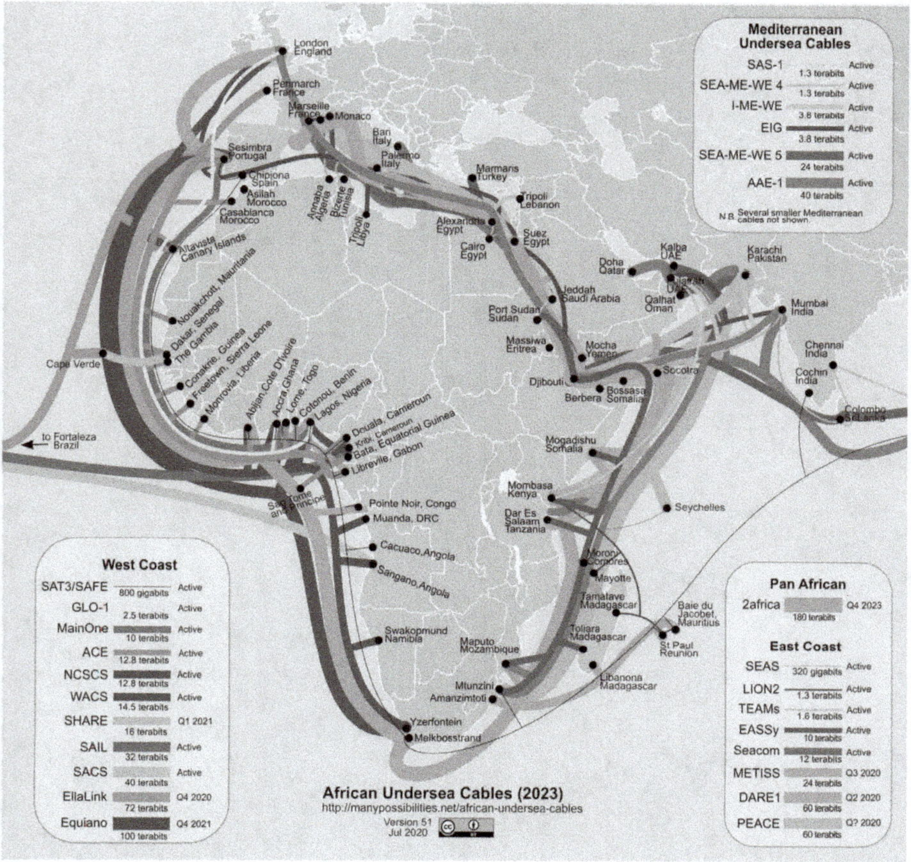

Source : Manypossibilities.net

INDEX

Index des tableaux

Index des figures

TABLE DES MATIÈRES

Structures éditoriales du groupe L'Harmattan

L'Harmattan Italie
Via degli Artisti, 15
10124 Torino
harmattan.italia@gmail.com

L'Harmattan Hongrie
Kossuth l. u. 14-16.
1053 Budapest
harmattan@harmattan.hu

L'Harmattan Sénégal
10 VDN en face Mermoz
BP 45034 Dakar-Fann
senharmattan@gmail.com

L'Harmattan Cameroun
TSINGA/FECAFOOT
BP 11486 Yaoundé
inkoukam@gmail.com

L'Harmattan Burkina Faso
Achille Somé – tengnule@hotmail.fr

L'Harmattan Guinée
Almamya, rue KA 028 OKB Agency
BP 3470 Conakry
harmattanguinee@yahoo.fr

L'Harmattan RDC
185, avenue Nyangwe
Commune de Lingwala – Kinshasa
matangilamusadila@yahoo.fr

L'Harmattan Congo
67, boulevard Denis-Sassou-N'Guesso
BP 2874 Brazzaville
harmattan.congo@yahoo.fr

L'Harmattan Mali
ACI 2000 - Immeuble Mgr Jean Marie Cisse
Bureau 10
BP 145 Bamako-Mali
mali@harmattan.fr

L'Harmattan Togo
Djidjole – Lomé
Maison Amela
face EPP BATOME
ddamela@aol.com

L'Harmattan Côte d'Ivoire
Résidence Karl – Cité des Arts
Abidjan-Cocody
03 BP 1588 Abidjan
espace_harmattan.ci@hotmail.fr

Nos librairies en France

Librairie internationale
16, rue des Écoles
75005 Paris
librairie.internationale@harmattan.fr
01 40 46 79 11
www.librairieharmattan.com

Librairie des savoirs
21, rue des Écoles
75005 Paris
librairie.sh@harmattan.fr
01 46 34 13 71
www.librairieharmattansh.com

Librairie Le Lucernaire
53, rue Notre-Dame-des-Champs
75006 Paris
librairie@lucernaire.fr
01 42 22 67 13

www.ingramcontent.com/pod-product-compliance
Lightning Source LLC
LaVergne TN
LVHW021218061026
849535LV00008B/2803